大人の教養としての

ギリシア神話読本

あまおか けい
Amaoka Key

言視舎

はじめに

ヨーロッパ文化を成り立たせているのはギリシア文明、キリスト教、科学精神の３本の柱と言われています。その柱の１本「ギリシア神話」は、古代ギリシアから伝わる伝承文化で、その主要な部分は先史時代（紀元前15世紀頃）から創られていたと推定されています。

そしてクレタ文明、その後北方から侵入してきたアカイア人によるミケーネ文明、紀元前1000年頃に南下してギリシアを征服したドリス人といった多民族の伝説や言い伝えが、混ざり合い、淘汰され、さらに付け加えられた虚実入り混じったお話の数々。紀元前８世紀から９世紀頃のものと考えられるホメロスの二大叙事詩『イリアス』、『オデュッセイア』は口承文学の頂点と考えられています。

▼決定版はありません

現在に伝わる「ギリシア神話」は、紀元前８世紀の詩人ヘシオドスによって口承で伝えられていたとりとめのない伝承を、神々と英雄の関係を秩序立て体系的に「神統記」にまとめたものが基礎となり、時代が下った紀元前400～500年代にギリシアの三代悲劇作家アイスキュロス、ソフォクレス、エウリピデスの戯曲やその後の時代の詩人や喜劇作家、歴史学者等々の文献を資料に「おそらくこんな物語だったのではなかろうか？」とまとめられているので、決定版というものはなく、さらにはさまざまな民族の話が混ざっているので一貫性はありません。そもそも神話（myth）の語源がmythosというギリシア語。語られた言葉・話という意味ですから、世代を重ねて伝えられるうちに時代や地域によって変化してきたというのはごく自然なことだからです。

歴史や考古学の観点であれば、時代の変遷でどのような民族の話が加わったのかとか民族性による話の違いなど精度の分析が必要になるのは当然ですが、この本ではストーリーを楽しみ、イマジネーションを刺激されるだけで十分です。

そういえば「ギリシア」と呼ぶのは日本だけ。英語の「Greece」から派生したもののようですが、ギリシア人は「ヘレネス」つまりヘレン（デウカリオンとピュラーの息子で古代ギリシア人の祖とされる神話の王様）の子供達が住んでいる場所を「ヘレネス」と呼んでいました。

いまでもギリシアの正式名称はΕλληνική Δημοκρατία 英語にすると Hellenic Republic なんです。ともかく「神話」の知識は古代ギリシアのヘレネスにとっては一般教養でしたから、「神話」に精通していることがとても重要だったのです。

歴史で教えられる「ヘレニズム文化」は早い話が「ギリシア風文化」といったほうがわかりやすいかもしれません。ギリシアでは紀元前８世紀ごろから神殿と祭祀のための広場（アゴラ）を中心としたポリス（都市国家）が作られたため、神話にはこれらのポリスが国名として登場していることを頭に入れておきましょう。ポリス同士は時には戦いながらもギリシア語を話し、同じ神々を信じていましたから、もめてはいても同族意識は高かったとか。そしてヘレンの子孫以外、つまり自分達以外は「バルバロイ」（蛮人）と呼んでいました。バルバロイはもともと「おかしな言葉を話す人」という意味だったのですが、自分たちとは異なる「蛮人」となり、英語の Barbarian バーバリアンの語源となりました。粗野・野蛮・不実・無教養という意味の込められた軽蔑的な表現ですから、ヘレネスはかなりな「選民意識」の持ち主だったといえそうです。

８世紀初頭に編纂されたという日本最古の歴史書『古事記』が、やたら記憶力の良い稗田阿礼（ひえだのあれ）が、神代の天地開闢（かいびゃく）から推古天皇の出来事を語り、太安万侶（おおのやすまろ）が編纂したというのとは、大違いということになりますね。

▼ギリシア神話の内容は大きく分けると３つ

ともかくそんなギリシア神話は、大きく分けると３つになります。国の成り立ち、神々の神話、神話から歴史へと続く『古事記』と共通しているようです。

1　世界の始まり

2　神々のお話

3　人間と英雄のお話

私たちに馴染み深いのは、おそらく人間と英雄にまつわるお話でしょう。

プロメテウス、ヘラクレス、アキレウスといった名前はご存知でしょうし、アルゴー号の冒険やトロイア戦争のことはきっとどこかで聞かれたことがあるはずです。

▼アラビア経由で伝えられた古代ギリシア文化

このギリシア神話を含めたギリシア文化は、アレクサンダー大王以降紀元前30年ごろにローマ帝国に引き継がれることになるのですが、実は文明のほとんどは、アラビアを経由してローマに伝わったのです。古代ギリシアの文明は、ローマではなくそのほとんどがアラビアに伝えられました。

アルキメデス、プトレマイオス、ユークリッド、アリストテレス、ヒポクラテスといった科学も含めてビザンチウムに伝えられ、ここからアラビアに。ササン朝ペルシャのホスロー1世の時代にペルシャ、ギリシア、インドなどの文化が融合しアラビア語、ペルシャ語に訳されていました。

ペルシャ第7代のアル・マムーンの時代には「知恵の館」という研究所・図書館がバグダットに設立され、国家事業としてギリシアの文献（医学、哲学、天文学など）がアラビア語に翻訳されました。翻訳されたことによりイスラム世界でアラビア語による学問が広がり、アラビア語は当時の知的言語・共通言語とされたのです。

古代ギリシアからヘレニズムの科学や哲学、伝統などがイスラム世界に広まり、そこで独自の発展を遂げることになりました。イベリア半島に勢力を広げたイスラムはイベリア半島のトレドに拠点を置き（713年）、ウマイヤ朝以降11世紀までトレドを中心にイスラムの支配が続いたのは歴史で習ったはずですね。11世紀ごろのヨーロッパとイスラム世界の違いを覗かせてくれたのは、ノア・ゴードンというアメリカ人作家の『Physician』（千年医師物語）という小説です。イブン・スィナーという当時のペルシャというか世界でも第一級の知識人、哲学・医学・数学・科学に長けた実在の人物に医学を学ぼうと、はるばるロンドンから訪れた青年が主人公。魔女狩りが横行していた当時の蛮国イギリスとイスラム世界、ペルシャに住むユダヤ人……日頃馴染みのない世界が描かれていて新鮮でした。ギリシアの影響を多大に受けたイスラム世界、歴史の授業でもあまり触れられなかったのが残念です。

13世紀になるとレコンキスタ運動によってスペインというかカスティリア＝レオン王国が領土を奪回。トレドの翻訳学校では、イスラムによって伝えられた文献をアラビア語からラテン語やトルコ語、ヘブライ語に翻訳され、ラテン語圏への文化移転が実現。つまり中世までは中近東のほうがヨーロッパよりはるかに優れていたということです。

1500年あたりのヨーロッパでは統一された国が少なく、土地をめぐる王侯間の争いで民は疲弊し貧困にあえいでいたのが実情なのですから、中近東から見れば野蛮な地域だったというわけです。ウィリアム・テルやロビン・フッドのお話を思い浮かべれば想像がつくでしょう。

▼そしてルネサンス

そして14、5世紀のイタリアで起きた古代ギリシア、ローマの学問知識の復興を目指す文化運動がヨーロッパ各国に波及して、「ルネサンス」が起こります。極論すれば、イスラムの尽力なくしてルネサンスはナシ、もしくはもっと後から起きていたのかも（土台が共通なのだから、イスラムとヨーロッパはもっと仲良くできそうなものですが）。

続いて宗教改革、ガリレオやニュートンなどの科学革命でヨーロッパは近代的合理精神を手にし、その後の産業革命で世界を支配するようになり、バトンはアメリカに引き継がれたというわけでして、実際のところ11、12世紀あたりのヨーロッパの数学などは古代ギリシアのそれにはるかに及ばないものだったのです。

文明は進歩しても文化は退化するということでしょうか。ですから初めてギリシア文化に触れたヨーロッパの人々の衝撃はどれほど強烈だったことでしょう。絵画・彫刻・文学・音楽とあらゆるジャンルの芸術家のイマジネーションを刺激したであろうことは容易に想像できますね。

▼ギリシアとローマで名前は変わるけど

よくギリシア・ローマ神話とも言われますが、紀元前6世紀頃からギリシアの影響を受けていたローマでは、ローマ古来の神々をギリシアの神々と対応させ同一視（シンクレティズム）したばかりか、ギリシア神話の物語をローマ神話に取り入れたため、同じ内容の神話とローマ独自の神話があるというわけです。次に対応をまとめてみました。ギリシア神話の神々や英雄がやたらとイタリアを訪れたことになっているのはそんな背景があるからなのでしょう。

神々の名の対応関係

ギリシア名	ローマ神話	英語名	
Zeus	Jupiter	Jupiter	全知全能の最高神
Hera	Juno	Juno	ゼウスの妻、結婚・貞節の神
Hades	Pluto	Pluto	冥界の王
Poseidon	Neputunus	Neptune	海の神
Ares	Mars	Mars	戦いの神
Hermes	Mercurius	Mercury	商業、情報、泥棒の神
Apollon	Apollo	Apollo	太陽の神
Artemis	Diana	Diana	月の神
Athena	Minerva	Minerva	知恵の神
Aphrodite	Venus	Venus	美と愛の神
Hephaestus	Vulcunus	Vulcan	鍛治の神
Hestia	Vesta	Vesta	かまど、家庭の神
Dionysus	Bacchus	Bacchus	酒の神
Demeter	Ceres	Ceres	豊穣の神
Gaia	Tellus	Terra	大地の神
Uranus	Uranus	Uranus	天空の神
Cronus	Saturnus	Saturn	農耕の神

この表にない、ローマ神話にだけ登場するヤヌス（Janus）という神様は、出入口と扉（門）を司るため前と後ろ反対向きの二つの顔を持つ双面神。物

事の内と外を同時に見ることができるという神様です。一年の始まりと終わりの境界を司る神ですから１月はJanus（ヤヌス）から派生したJanuaryとなるわけです。せっかくなのでローマ神話の神々にちなむ月名を挙げておきましょう。

▼月名はローマ神話から

Janus（1927 年）

January	Janus からなにしろ扉を司っているのですから、年の始まりというわけです。
February	ローマ神話に登場する戦争の罪を浄める祭典 Februaria から。
March	軍神 Mars（マルス）にちなんで。
April	美の化身 Aphrodite（アフロディテ）から。
May	豊穣の女神 Maia（マイア）にちなんで。
June	Jupiter（ユピテル）の妃 Juno（ユノー）から。結婚の神なので June Bride。June Bride が幸せになれるというのは、結婚・出産・育児の象徴 Juno にちなんでのこと。
July	ローマ暦を制定した、Julius Caesar（ジュリアス・シーザー）の誕生月。
August	初代ローマ皇帝 Gaius Octavianus こと Augustus（アウグスタス）の誕生月。
September	ラテン語の「Septem」は「７」つまり７番目の月。古代ローマでは３月が年の始まりだったので。
October	これもまたラテン語の「Octo」で８番目の月。
November	ラテン語の「Novem」は９、ですから９番目の月。
December	ラテン語の「Decem」は 10、つまり 10 番目の月。

気合が入っていたのは８月まで、９月以降は年始となる３月から数えた数字を当てはめただけですから、なんだかナゲヤリな感じがしないでもありません。

目次

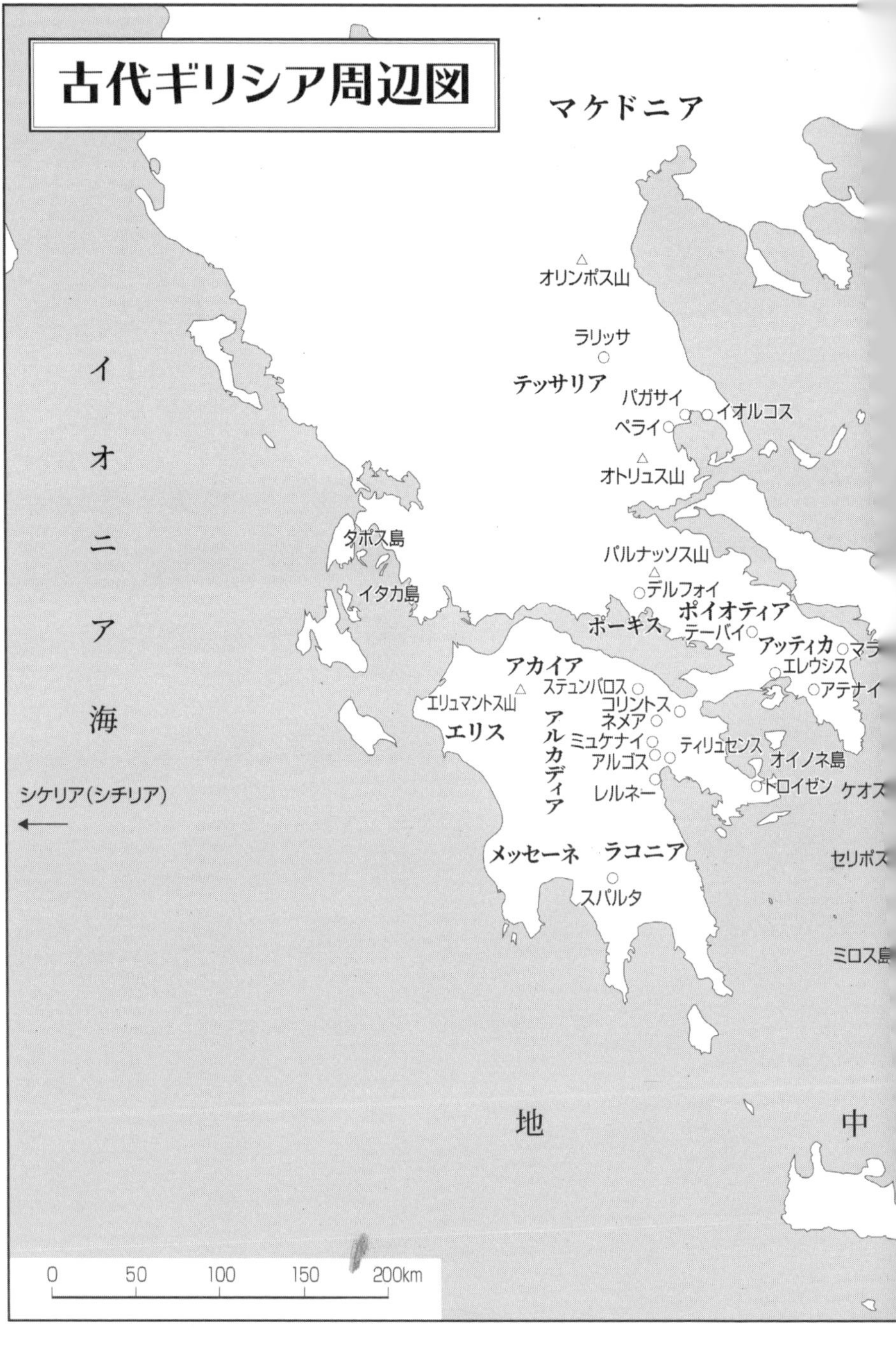
古代ギリシア周辺図
マケドニア
イオニア海
オリンポス山
ラリッサ
テッサリア
パガサイ
イオルコス
ペライ
オトリュス山
タポス島
イタカ島
パルナッソス山
デルフォイ
ボイオティア
ポーキス
テーバイ
アッティカ
マラ
アカイア
エレウシス
ステュンパロス
アテナイ
エリュマントス山
コリントス
ネメア
エリス
アルカディア
ミュケナイ
ティリュセンス
アルゴス
オイノネ島
レルネー
トロイゼン
ケオス
シケリア(シチリア)
メッセーネ
ラコニア
セリポス
スパルタ
ミロス島
地
中
0
50
100
150
200km

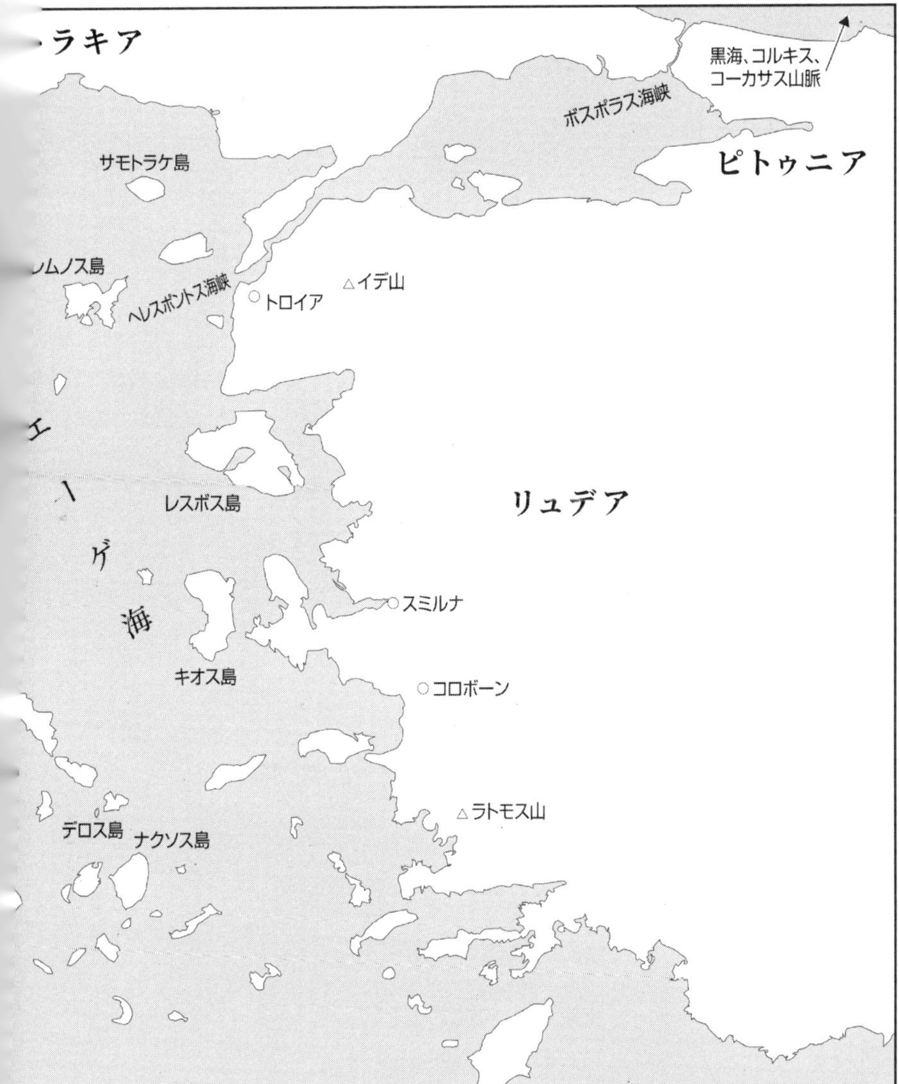

ラキア
黒海、コルキス、
コーカサス山脈
ボスポラス海峡
ピトゥニア
サモトラケ島
ムノス島
ヘレスポントス海峡
トロイア
イデ山
エ
ー
ゲ
海
レスボス島
リュデア
スミルナ
キオス島
コロボーン
ラトモス山
デロス島
ナクソス島
海
レタ島
イラクリオン
クノッソス
キュプロス島

きっと役に立つ神々の登場箇所

オリンポス12神

アテナ	♀	ギリシア神話最大の女神。武装した威厳のある処女神。都市の守護神、戦い、知恵。知的な英雄や民族の指導者	35, 79, 80, 110, 138
アフロディテ	♀	愛と美の女神	22, 42, 53, 54
アポロン	♂	アルテミスの双子の兄。光明、芸術、あらゆる知性と文化の代表者	39, 58, 60, 75, 105
アルテミス	♀	狩猟、貞潔、豊穣。男嫌い	39, 105
アレス	♂	戦の神	54
ゼウス	♂	オリンポスの主神、ギリシア神話の最高神	26, 27, 28, 32, 34, 35, 37, 39, 42, 43, 46, 49, 65, 69, 73, 78, 86, 135, 142, 182
デメテル	♀	豊穣、穀物と大地からの生産物	42, 93
ヘスティア	♀	カマド、炉	
ヘパイストス	♂	炎・鍛冶。オリンポスのマエストロ	52, 53
ヘラ	♀	ゼウスの正妻。オリンポスの最高女神。結婚、貞節	33, 34, 39, 52, 71, 144
ヘルメス	♂	旅、商人、盗人の守護。伝令	41
ポセイドン	♂	海、地震	94, 117

オリンポスの神

ディオニュソス	♂	酒、豊穣、酩酊	73, 75, 177
ハデス	♂	冥界、死者の国の支配者	91
ペルセポネ（コレ）	♀	ハデスの妻	91, 93, 96, 115

※この他の神々と人間については201頁を参照

I

世界の始まりを中心に

ガイア

1　まずは、なんとなく知っているギリシア神話から

そんなことからヨーロッパの美術館の絵画や彫刻で、目にすることの多い作品にまつわるモチーフを集めて見ることにしました。

▼「カオス」混沌状態

ギリシア神話の主人公とされるのは、オリンポス12神、ニンフと呼ばれる山川草木や土地などの妖精たちに神でもある魔女や怪物、そして人間、神と人間のハイブリッドとさまざま。

その頂点は「大神」ゼウスなのですが、そのゼウスにも両親がありました。その両親は「どこから？」ということから世界が始まるのです。

世界の始まりは「カオス」（混沌）という暗くてドロ～ンとした状態だったとか。この「χ ά ο ς」（英語ではchaos）ヘシオドスの神統記に登場する原始の神で「大口を開けたカラッポの空間」という意味。つまり世界が存在するために「場所」が必要で、その場所が「カオス」。天地創造前の状態をあらわしているようです。混沌というよりむしろ「無」という感じでしょうか。

そこから転じて「物事が定まらず入り乱れている様子」や「今後の成り行きが不透明な状態」を表現するようになりました。つまり「無」ではない状況でも用いられるのです。

ノストラダムスの預言を乗り越えて21世紀に突入した世界ですが、見回してみるとまさに「カオス」状態。環境破壊が進み、人間社会でも秩序や倫理はどこへやら、地球はまさに混沌の極みにあります。

▼「ガイア」大地から生まれたのは

そのうちカオスの中の重たいものがだんだんと下にさがって大地の女神「ガイア」が生まれました。いうなれば陸地ということかもしれません。ガイアはあらゆるものの原初であり、神々も人間も彼女ナシには成り立たないという存在です

「ガイア」 アンゼルム・フォイエルバッハ 1875年 横にいるのはエロス

そして魂を和らげる「エロス」（愛）と「タルタロス」（暗黒界）が誕生。カオスには「エレボス」（闇）と「ニュクス」（夜）が生じ、この二つから対照的な「アイテル」（天上の光）と「ヘメラ」（地上の光、昼）が生まれています。これで昼と夜ができた（？）というワケ。旧約聖書の創世記のようですね……。

そして、ガイアから「ウラノス」（天空）と「ポントス」（海）が生まれました。

▼ティタン（タイタン）族の12神

ガイア（大地）はウラノス（天空）と交わり、「ティタン族」という12神を生み出します。

ティタンを英語にすると「タイタン」、ゲームや映画でおなじみですね。

巨大という意味で、アメリカの大陸間弾道弾「タイタン」や大型客船「タイタニック」、恐竜の「ティタノザウルス」などは「ティタン」に由来するものです。アメフトチームにもありますよね「タイタンズ」。

「ティア」、「レア」、「テミス」（掟）、「ムネモシュネ」（記憶）、「ポイペ」、「テテュス」の6人の女神と「オケアノス」（大洋）、「コイオス」、「クレイオス」、「ヒュペリオン」（太陽）、「イアペトス」、「クロノス」という6人の男神。

オデュッセイアに登場する一つ目の巨人

ティタン12神と呼ばれる兄弟姉妹につづいて産んだのは、一つ目の巨人「キュクロプス」と50の頭と100本の手を持つ巨人「ヘカトンケイル」（千手観音には負けるけど）をそれぞれ3人ずつ。

ウラノスはこの子達（？）を気味悪がって地の底に押し込めてしまいます。自分の産んだ子供たちへのウラノスの仕打ちを許せないガイアは、ティタン族の子供達にウラノスへの復讐を命じました。一応生物学上の父親だというのにね……。

▼クロノス、父のウラノスを去勢！

「クロノスに去勢されるウラノス」 ジョルジュ・ヴァザーリ 16世紀

いくら酷いことをしていても父は父。「できない」と尻込みする子供達の中で、末っ子のクロノスだけは「いくら父とはいえ、許せないこともある」とこの役目を買って出たのでした。

ガイアが渡した鎌の刃はアダマスという魔法の金属。夜の帳を下ろすニュクスを伴ってさらなる子作りのためにガイアの元にやってきたウラノスめがけて、待ち構えていたクロノスが力一杯鎌を振り下ろしました。

魔法の刃が切り落としたのは、ウラノスの大事なところ……滴る血から巨人「ギガス」と３人の「エリュニス」（復讐の女神）、「アレクト」、「テインポネ」、「メガイラ」が生まれました。こんな仕打ちには、復讐したくなるでしょうね。

▼美の女神アフロディテとエロス

そして海に落ちたウラノスの凸が波に揉まれて生じた泡（アプロス）から「アフロディテ」（美の女神）が生まれました。海の生き物に守られて貝の中

「ヴィーナスの誕生」　サンドロ・ボッティチェッリ
1485　ウフィツィ美術館蔵

で育ったその子は美しく成長しキュプロス島に上陸、この場面はボッティチェッリの有名な絵でおなじみですね。

アフロディテが歩いた後には草花が咲き、地上に緑があふれだしたとされています。そんな彼女の前に「エロス」が現れ、美と愛は切り離せないものとして養子になると申し出ました。以来エロスは小さな弓と矢を手にして、アフロディテの周りでチョロチョロしているのです（キューピッドとして知られる天使の坊やですが、愛だ恋だという男女の心の機微を理解できる年齢だったと思えます）。

エロスの彫像　ナポリ考古学美術館蔵　珍しく子供ではなく少年の像

▼ガイアから生まれた「ゴルゴン三姉妹」

ところで母ガイアの頼みで父ウラノスから神威を奪って追放したクロノスは末っ子であったにもかかわらず、父に代わって支配者の地位につきました。トップの世代交代というわけです。兄や姉には不満がなかったというわけでもなさそうですが……。

そのうえ母ガイアとの約束である地下に閉じ込められた子供達の解放もグズグスと先延ばし。追放されたとはいえウラノスは不死ですから、離れた地で成り行きを見守っています。「子供というものは親の期待を裏切るものさ」

と雪辱を果たす機会を待つしかありません。凸を切り取られてしまったウラノスは、これ以上子孫を増やすことはできません。歯がゆかったでしょうね。

一方母のガイアは、息子のポントス（海）と子作りに励みます。「エウリュピア」（♀)、「ケト」（♀)、「ポルキュス」（♂)、「ネレウス」（♂)、「タウマス」（♂）……。

ガイアの子供達は兄弟姉妹で子作りを、というわけでケトとポルキュスの間に生まれたのは「グライアイ」（老婆達）という三姉妹。彼女たちは、生まれたときから灰色の髪で一つしかない歯と目を共用していたという不思議というか不気味な方々。それから「ステンノ」、「エウリュアレ」、「メデューサ」というゴルゴン三姉妹。

ステンノとエウリュアレは髪の毛の代わりに生きた蛇が生えていて、黄金の翼、青銅の手とイノシシのような鋭い牙を持ち醜い顔立ちだったそう。しかも不死身、はっきり言ってしまうと怪物かな？　ただ末のメデューサは不死ではない代わりに、豊かな髪の美人という不公平な姉妹。美人だった頃にはポセイドンの恋人でした。この美女がどうして怪物になってしまったのかは後述しますね（83頁）。

▼兄弟姉妹が……

クロノスは姉のレアと、テテュスはオケアノス、ポイペはコイアスと、テイアはヒュペリオンと、エウリュピアはクレイオスと結ばれます。兄弟姉妹が、と言いたくなるかもしれませんが、他には誰もいないのですから致し方ありませんよね。ま、堅いことは言わないで、……だって旧約聖書によれば「大洪水」の後に生存していたのはノアの一族だけ、それでも神は「産めよ、増やせよ、地に満ちよ」と仰せになっているのですから。

神話や伝説を読む時の心得は「そんなものか」と流すに限ります。現代の常識や規範にとらわれすぎないことが肝心です。だって「ニュクス」（夜）のように一人で子供を産み続けた神様もいらっしゃるのですからね。こういう「？？？」に遭遇した場合には、後世キリスト教の「処女懐胎」という難問に、カルタゴ生まれの神学者テルトゥリアヌスが言い放ったように「不可能であるがゆえに真実である」を適応して対処することにいたしましょう。

▼ニュクス（夜）が産んだ“問題児”たち

実際のところカップルでもうけたとしても「？？？」という神々が生まれているのですから、一人で産んじゃうと問題児（神）が多いようです。

「エリス」（争い）、「モイラ」（運命）、「ネメシス」（復讐）、「オネイロス」（夢）、「ヒュプロス」（眠り）、「タナトス」（死）、「モモス」（非難）、「アパテ」（欺瞞）、「ケラス」（老）、「ピテロス」（愛欲）、「オイジュス」（苦悩）……とややこしい「感情」が生まれながら、神代は第二世代が築かれていきます。

「夜」はなんだかロクなものじゃない感じで、ニュクスの娘エリス（争い）は悲しみ、忘却、飢え、病、殺人、嘘、ごまかし、戦闘、不正、呪い、喧嘩、殺害といった地下冥界の存在までを生み出しているのです。

2　ゼウスの誕生とオリンポス 12 神

▼自分の子を飲み込んでしまうクロノス

さて、地上の支配者となった末っ子クロノスです。姉であり妻でもあるレアとの間に「ヘスティア」(かまど)、「デメテル」(大地、豊穣)、「ヘラ」(ゼウスの后)、「ハデス」(冥界)、「ポセイドン」(海、地震) と子供たちが生まれるのですが、ウラノスが大地の奥深く閉じ込めてしまったヘカトンケイルとキュクロプスはそのまんま。

「あの子達を救い出してね」と頼んだガイアはお腹立ち。「約束したというのに、いまに貴方もウラノスと同じように子供に裏切られるわよ」と予言されてしまいます。

こうなると子供の存在は脅威でしかありません。そこで生まれた子供をすべて飲み込んでしまっていたのです。

ある時、身ごもっていることに気づいたレアは「この子までも飲ませるわけにはいかない」とクレタ島に隠れてコッソリ産み落としたのです。赤児の世話は島の信頼できる妖精たちに任せて、クロノスには石で作った赤ん坊を布に包んで渡しました。石とは気づかないクロノスは「これで安心じゃ」とゴクリと飲み込んでしまいました。

難を乗り越えた赤ん坊は、クレタ島の妖精アマルテイアから乳を与えられ、妖精や動物達に守られてスクスクと育ちます。父とはいえ兄弟たちを飲み込み、母のレアを悲しませているクロノスの行状を教えられながら成長すると、当然クロノスを倒すことを考えるようになります。

1680 年にスミルナで発見されたゼウス像　250 年頃

この子が「ゼウス」です。全能でオリンポス12神の長となる神です。ゼウスのシンボルとなるのは稲妻、古代の人にとって稲妻は恐怖の代名詞だったようです。ですからゼウスは「稲妻を投じる神」とも形容されているのです。

▼ゼウスと兄弟たちの覇権

成長したゼウスは知恵の女神メティスから教えられた薬草の力を借りて、クロノスが飲みこんでいた兄弟たちを吐き出させます。飲み込んだのは生まれた順にヘスティア、デメテル、ヘラ、ハデス、ポセイドンでしたが、吐き出された時はその逆。第二の誕生として末っ子のゼウスを長男とし、長女のヘスティアを末娘とすることもありますが、私としては本来の誕生順でゼウスは末っ子としておきます。赤ん坊の時に飲み込まれたというのに、お腹の中で成長していたというのは摩訶不可思議で消化器官はどうなっているのか疑問ではありますが、それはさておき、父に恨みを持つ兄弟姉妹たちは団結して絶壁のそびえるオリンポスの山に立てこもりました。

ミロス島から出土したポセイドン像（アテネ国立考古学博物館所蔵　写真：Ryunpos）

覇権を奪われることに抵抗するクロノスは先に生まれていたティタン族の中でおのれに味方する者を従えてテッサリアのオトリュス山に陣を張り争ったのです。
「ティタノマキア」と呼ばれるこの闘争が決着するまで10年、レアが予言した通りゼウス軍が勝利して覇権を握ります。

ここでも末っ子のゼウスが「助けたのは僕だから、末っ子でも支配権は僕にある」と言いだしたため、三兄弟は公平を期してクジ引きで支配する領域を決めることにしました。
その結果、地上はゼウスとなりました。
海は「ポセイドン」。彼のシンボルトライ

デント（三叉槍）は、穂先が３本の槍、武器としてばかりではなく漁業でも使われていましたから、海神の必需品というわけです。イタリアのマセラッティという車のエンブレムでもおなじみのはず。ボローニャのマッジョーレ広場のポセイドン像からということですが、「俺、海神だけど、なぜ陸地を走らなければならんのか？　海上輸送のほうが早いのに」と戸惑っているかもしれません。

地下の冥府は「ハデス」が支配することになり、愛犬で冥界の番犬ケルベロスをお供に連れています。

「ハデスとケルベロス」
イラクリオン考古学博文館
（撮影：遠藤昂志）

三姉妹の「ヘスティア」はカマドと火、「デメテル」は収穫、後述するように「ヘラ」はゼウスの正妻となり姉妹の中での最高位の女神となりました。長幼の序なんて神世では意味がないようです。

このゼウスと兄弟の話で思い出されるのは、仏教の勢至菩薩のお話。悲華経という経典によると阿弥陀如来の息子とされます。なんでも阿弥陀如来の前世は「無諦念王」という王様で、子供が1000人。子供達の中に、観音菩薩、勢至菩薩、普賢菩薩、文殊菩薩という錚々たる顔ぶれが。

そのほかの995人の子供たちって、優秀な兄弟と比べられて「グレたりしなかったのかなぁ？」と下世話なことを考えてしまいました（いまだに解決していませんが）。

▼ゼウスの子供たちとオリンポス 12 神

ともかくゼウスとヘラの間には、「アポロン」（太陽神、芸術神）、「ヘルメス」（商業と交通の神）、「ヘパイストス」（火山と鍛治の神）、「アレス」（軍神）という４人の男神と、「アテナ」（知恵と戦い）、「アルテミス」（狩猟と

「イデ山のゼウスとヘラ」
ジェームス・バリー（1746~1806）ウェストン・パーク美術館蔵

出産）という女神が生まれます。ゼウスの娘とされる「アフロディテ」は、もともとクロノスの凸とされていますが、ゼウスが養女としてオリンポスに迎え入れたのです。

そしてゼウスの兄弟たち「デメテル」（農耕、大地）、「ポセイドン」（海洋）、「ヘスティア」（かまど）を加えます。こうしてオリンポス 12 神が揃いました。

「ディオニュソス」（豊穣、酒）はいつでも酔っ払っているから、そして「ハデス」（冥界）と「ペルセポネ」（冥界の王妃、春、季節）は世界が異なるとして除外されました。ディオニュソスは酒の神だけあってほとんど「酩酊状態」、オリンポスの居候といったら言い過ぎでしょうか？　ウラノスとガイアの生んだティタン族とは区別されるオリンポス神達です。

＊アンダーラインはオリンポス 12 神とされています。これにも諸説ありましてディオニュソスとデメテルが入れ替わったりすることもありますのでご理解を。

200 ほどの逸話からなるギリシア神話は、この 12 神とその子孫にまつわるお話といったところでしょうか、どこかで見聞きされた逸話が必ずあると思いますよ。ここまでは「世界の始まり」に関するお話を中心にみてきましたが、次は神々のお話を具体的にみていきましょう。

オリンポス12神

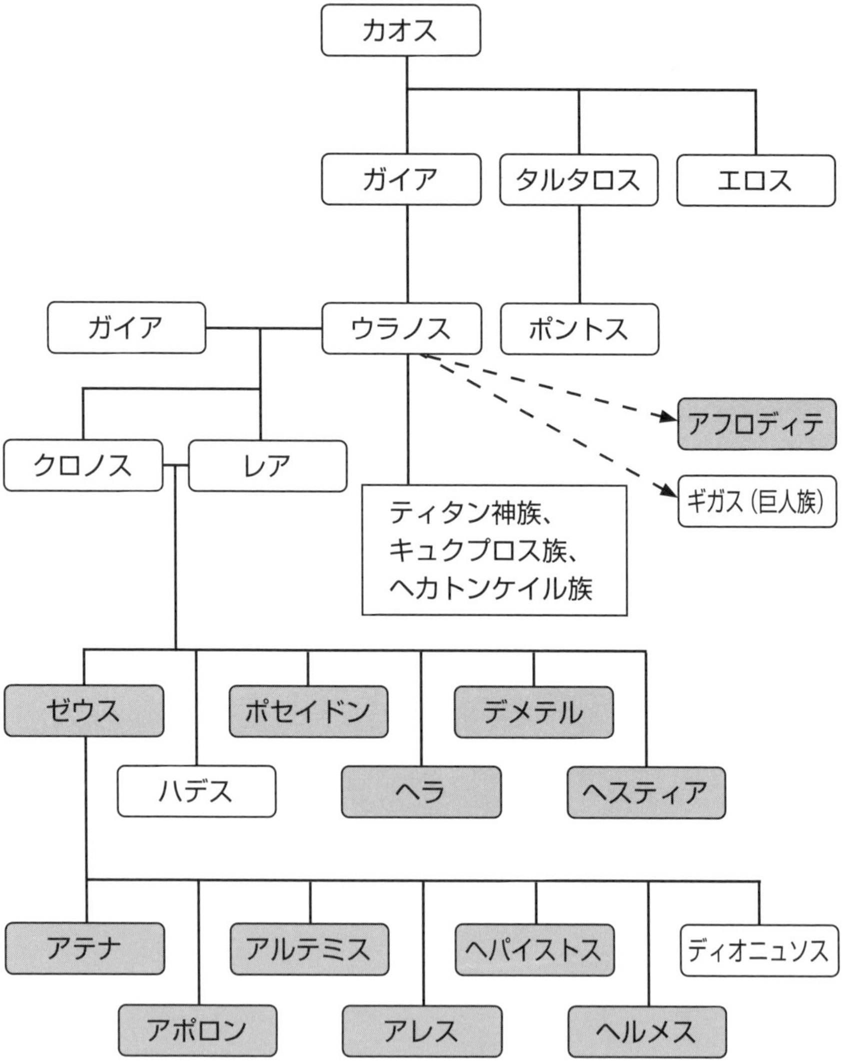

＊ [grey box] はオリンポス 12 神

Ⅱ

神々のお話

左からヘラ、ゼウス（中央）、ハデス（右）

1　ゼウスの妻と子供たち

▼「メティス」（知恵の女神）

まず大神ゼウスから始めます。

ゼウスの最初の妻は、父親に飲ませた薬草を教えてくれた「メティス」（知恵の女神）でした。子供ができるわけですが、父と自分が父親を倒したというＰＴＳＤでしょうか、「子供に裏切られる」ことが心の隅に引っかかっていました。

メティスに、最初の子供を身ごもったことを告げられたゼウスは、とっさにメティスを飲み込んでしまいました。やはりゼウスはクロノスの息子です。気になるのは、その子は♂だったのか♀だったのかなんですが……。

我にかえったゼウスは、メティスに詫びて今後は自分の体内で「知恵」となってくれるように頼んだのです。というわけでゼウスは「知恵」を取り込んだということになるのです。もし「知恵の神」が飲み込めるものなら、受験シーズンには引っ張りだこでしょうね。

▼「テミス」（掟）と「ムネモシュネ」（記憶の女神）

そんないきさつで独り者となったゼウスが目をつけたのが「テミス」（掟の女神）でした。強引に迫った結果、生まれたのは「エイレネ」（平和）、「エウノミア」（秩序）、「ディケ」（正義）の三姉妹。続いて「クロト」（生命の糸を紡ぐ）、「ラケシス」（糸の長さを計る）と「アトロポス」（糸を切る）の三姉妹。つまり寿命を司るということからいずれも「掟」や「運命」に関係しているようです。

続いてチョッカイを出したのは、オケアノスの娘「エウリュノメ」で、「アグライア」（輝き）、「エウプロシュネ」（歓喜）、「タリア」（繁栄）の三姉妹をもうけました。

ゼウスはさらに「ムネモシュネ」（記憶の女神、ウラノスとガイアの娘）との間に文芸、学問、芸術に関わる９人の女神（ムーサ）をもうけています。人数は諸説ありですが、ヘシオドスが９人といっていますので「クレイオー」、「エウテルペ」、「タレイア」、「メルポメネ」、「テルプシコラ」、「エラト」、「ポリムニア」、「ウラニア」、「カリオペ」という名のムーサ達ということになります。

ムーサは芸術家達や人間のあらゆる知的活動にインスピレーションを与える女神「ミューズ」となりました。ミュージック、ミュージアム（ムーサの神殿ムセイオンから派生）と現在でも芸術に深い関わりを持っているのです。

ゼウスは自身の姉である「ヘスティア」にも“子作りしようよ”と誘いをかけますが、キッパリと断られてしまいます。ゼウスの子作りは勢力拡大のためという名目で正当化されていましたから、節度なんかありません。羨ましいと思われる男性たちに一言、現在ならパワハラ、セクハラの極みということになりますよ。

一方で巨人のティタン族でも同様に人口を増やしていました。ゼウスはそんなティタン族の女性たちにもチョッカイを出そうとまでしていたのです。特にアトラスの娘マイアには興味津々でした。

▼正妻「ヘラ」

ゼウスが自分の姉のヘラに言い寄った時のこと、カッコウに化けて（何しろ全能なので）懐に飛び込みますが拒否されてしまいます。ヘラの言い分として、女性は子供をつくるための道具ではないので「遊び半分では嫌、正式な妃とするなら不承不承ながら」というものでした。

ゼウスはこの条件を受け入れました。そうそうヘラを形容するのは「白い腕（かいな）の女神」。腕が白いというのは、高貴な女性の誉め言葉のようです。確かにブルー・ブラッド、血管が透けて見えるほど白い肌は貴族女性の大切な要素でした。

余談になりますが、ヘラの強気は、ヘンリー８世に「正式な王妃にしてくれるのでなければ“手出しは無用”」と２年ほど拒み続けたアン・ブーリンを彷彿させます。彼女の場合はエリザベス１世を生み、イギリス繁栄の時代へと続きました。ツッパリが大英帝国のベースになったということですね。

アン・ブーリンはどんな心境で「イギリス」の歩みを見つめているのでしょうね。

ゼウスとヘラの結婚は、正式に母ガイアの許しを得たものでしたから、お祝いに黄金のリンゴの樹が贈られました。ただガイアに誓った結婚なので、その「絆は永遠」のものであるときつく念を押されてしまいます。この結婚に落ち込んだ女性達が少なくなかったことは想像に難くありませんね。絆は永遠としても、ゼウスの行動は……後をご参照ください。

▼ゼウスとヘラの子供たち

「産めよ、増やせよ」のオリンポスで最高神ゼウスとヘラの第一子「ヘパイストス」は、両足の曲がった奇形児でした。ヘラは怒りのあまり、生まれたばかりの赤ん坊を天から海へ投げ捨ててしまいました。

海ではテティスとエウリュノメーという二人の女神がこの子を拾い上げ、「足が不自由でも必ず何か恵まれたものがあるはず」と大切に育てたのです。

ちなみに古事記でも伊奘諾(イザナギ)・伊弉冊(イザナミ)の最初の「蛭子(ひるこ)」も不具だったため、海に流されたという逸話があります。ギリシア神話のほうが古いので、稗田阿礼さんどこかで耳にしていたのでしょうか？

確かに女神たちの言うとおり、ヘパイストスはとても手先の器用な子でしたから、のちに天上に戻って神々の武具や神殿を作るようになります。この話は追ってということに(52頁)。

ヘパイストスに続いて、「アレス」、「へベ」、「エイレイテュイア」が生まれています。

アレスは戦いを司るためローマ神話では軍神「マルス」となりますが、戦闘時の狂乱を神格化しているため荒ぶる神でして、残忍で粗野なうえに不誠実。はっきり言ってお友達としては「？」というお方ですが、オリンポスの男神の中では特にイケメンだったとされています（こーゆー男いますよね）。

へべは「若さ」と「青春」の神、オリンポスでは神々の宴会が開かれると給仕を担当していたそうですが、ぜひお近づきになりたい女神様だと思われませんか？

エイレイテュィアは出産担当で、妊婦にとっては大切な女神様なのです。

▼女神「アテナ」の誕生はゼウスの頭から

そうした日々の中、ある日突然激しい頭痛に襲われ苦しみだしたゼウスです。のたうちまわるゼウスにオロオロする周囲。ゼウスは「頭の中で何かが動き回っているようだ。誰か頭を割って取り出してくれ！」と訴えますが、「そんなこと言われても～」と狼狽えるばかりです。

アテナ像　バチカン美術館蔵

機転を利かせた誰かが連れてきたのが、第一子のヘパイストスでした。ヘパイストスがゼウスの後頭部に慎重に斧（ラブリュス）を振り下ろすと、甲冑をまとった成人の「アテナが現れた」というのです（頭の中に成人女性、どうやったら入るのよ！　なんて言わないでね）。

アテナは、ゼウスの最初の子を身籠ったまま飲み込まれたメティスの娘、つまり父親の体の中で成長していたということで、クロノスに飲み込まれたゼウスの兄弟達が吐き出されるまで成長していたことと辻褄が合うということで、とりあえず納得。

そういえばアダムとイヴも誕生したときから成人でしたよね。なぜならもし赤ん坊から成長していたら子供の時に木登りを覚えて、リンゴを全部食べちゃっていたからというジョーク、イギリス人から教えてもらったのですが……笑っちゃいました。

メティス（知恵）の娘であるからには、母から知恵を受け継いでいるのかと問われたアテナは「自分は知恵そのものである」と答えました。全能の神ゼウスから“知恵が生まれた”ということで、ゼウスの支配はますます揺るぎないものとなっていきます。

2　ティタン神にも有名人が

▼「プロメテウス」と「エピメテウス」は兄弟、プロローグ／エピローグはここから

ティタン神の世界では、イーアペトスとクリュメネーの息子に、「アトラス」と「メノイティオス」、「プロメテウス」、「エピメテウス」という兄弟がおりました。アトラスの娘マイアにゼウスが目をつけていたのは前述しましたね。

この兄弟の中でよく知られているのはプロメテウスとエピメテウスの２人かもしれません。プロは「前の」、エピは「後の」という意味で、メテウスは「考える」という意味です。つまりプロメテウスは“前もって考える人”であり、エピメテウスは“後で考える人”というわけで、物語や映画のプロローグやエピローグは、この兄弟にちなんだもの。

プロメテウスは人間と深い関わりを持っているのはご存知ですよね。

だって人間を作ったのはプロメテウスという説があるのですから、それにゼウスの反対を押し切って天界の「火」を盗み出して人間に与えてくれたことでも有名です。

おかげで人間界では「火」はエネルギーとなり、原子力というややこしいものにまで発展してしまいました。ゼウスが反対したというのは、この状況を見越していたからでしょうか？？？

▼人間はプロメテウス作の泥人形

プロメテウス作の人間は、彼の手による泥人形にゼウスが生命を吹き込んだ存在とされています。聖書によればアダムも土塊（アダン）を捏ねて作られたようですから、「人間は泥から作られた」でヨシとしておきましょう。聖書の創世記（３章19節）に、楽園を追い出されたアダムとイヴに「汝は面に汗して、食物をくらい終に土に帰らん。其は其の中より取られたなればなり。汝は塵なれば塵に返るべきなり」“earth to earth, ashes to ashes, dust to dust”とあるように、人間は土にかえることになると神様がおっ

しゃっているのですから泥でもいいですよね。まるでリサイクル可能な資源のようですが。

プロメテウスがせっせと作ったため、地上には瞬く間に人間が増え賑やかになったとされています。そうそうこの時の人間は「労働力」でした。まぁ今でも大して変わらないといえば変わらないのかもしれませんけどね。

「プロメテウスの創造物」
ジャン・シモン・ベルテルミー & ジャン・バティスト・モーゼス
ルーブル美術館蔵　1802年& 1826年

▼ゼウス一族 vs ティタン族の戦い「ティタノマキア」

この頃ゼウスの支配に不満を持つティタン族に、「実権を取り戻すべきである」とハッパをかけたのが、元支配者で多少の実権を握っているゼウスの父クロノスでした。

ゼウス一族 vs ティタン族です。どちらもウラノス、クロノスとガイアの血統なので親族間の内輪揉めではありますが、いずれも神様ですから特殊能力をお持ちです。

「ティタノマキア」と呼ばれるこの戦いは決着がつかないまま10年続きました。なにしろ不死の神々の戦闘なので……。しびれを切らしたゼウスは母ガイアに助力を求めました。
「勝利を手にするには、地下に閉じ込められている『ヘカトンケイル』と『キュクロプス』を解放して味方につけよ」と教えられたゼウスは即実行、「ネクタル」と「アムブロシア」という不死の飲み物と神々の食べ物を与えて味方につけました。

このネクタルとアムブロシア、この世のものとは思えないほど美味だそうで、人間が口にすると寿命が270年の4倍の3倍の9倍の10倍まで延びると言われています。270 × 4 × 3 × 9 × 10 = 291,600に、本来の寿命を加えるということになるわけで、どうします？　下手に口にしないほうが良いかもしれませんね。

ネクタルはおそらく飲み物ではないかと推察します、だってネクターと似ていますものね。アムブロシアは飲み物の呼称とされている場合もあって、液体か固体か判然としません。ワインという説もあるのですが、不死の効力を得るために「軟膏」として使われたこともあるとか、傷に塗布するとたちどころに回復するそうで、ますます「？？」ですが、ちょっぴり「欲しい」気も。

▼「ヘカトンケイル」からの贈り物がシンボルに

地下から解放された「ヘカトンケイル」は、コットス、ブリアレオス、ギュエスという三兄弟、先にも書きましたが50の頭と100の手を持つ巨人ですから、力強い味方です。「キュクロプス」はアルゲース、ステロペス、プロンテスの三兄弟、（雷鳴、雷光、閃光）と雷と縁があるようです。

彼らは解放されたお礼としてゼウスに稲妻、ポセイドンに三叉の銛（トライデント）、ハデスには姿を消す兜を贈っています。この贈り物が、それぞれの神と切っても切れないシンボルとなったのは、前述しました（27頁）。

▼敗者「アトラス」は天空を支える

力強い助っ人に「贈り物」という新たな武器のおかげでゼウス軍は大勝利。ティタンの砦オトリュス山は崩されてしまい、クロノスに味方したティタンは地の底のタルタロスに閉じ込められた上に青銅のフタで穴を塞がれてしまい、二度と外には出られなくなりました。

クロノス派だった「アトラス」は、世界の西の果てで天空が落ちてこないように支え続けるという文字通りの“重荷”を背負わされることになりました。

ですからギリシアから見た西の端はアトラス山脈、その先の大西洋はアトランティック・オーシャン。そして地図はアトラスとして定着しています。戦いには負けたけれど、罰のおかげでいまでも名を残しているアトラスです。

3 「ティタノマキア」後、そこのけそこのけゼウス様のお通りだ

▼「レト」はヘラの嫉妬に苦しめられながら「アルテミス」と「アポロン」を産む

ティタノマキアの後、ティタン族であってもゼウスに逆らわなかった神々はゼウス達と共存するのですが、その中にはもちろん多くの女性たちがいました。好色で知られるゼウスにとっては、ターゲットが増えたということになりました。

「レト」と「アステリア」という姉妹に手を出したときのことです。「絶対にイヤ、何がなんでもイヤよ！」とアステリアは難を逃れるため石となって海中へ。餌食（？）になったレトは妊娠。

ゼウスの女好きに悩まされ続けていたヘラは、レトの出産を手助けした者は断じて許さないと明言します。レトが望んだことではないのに、とんだトバッチリで可哀想としか言いようがありません。「妻が浮気」した場合には、夫の怒りはまず相手の男に向けられるようですが、「夫の浮気」というと妻の怒りは相手の女性に向けられるのが常道で、これは洋の東西を問わないようですよ。事情によっては、被害者とも言えるお相手が気の毒に思えることが多々あります。特にヘラの場合には、かなり極端な怒りがその子供にまで向けられます。しかも相当にしつっこく。

出産間近というのに休む場所すら見つけられないレトでしたが、ポセイドンの手助けで新しく出来た浮島に泳ぎ着き、9日もの間陣痛に苦しみながら

「アルテミス」と「アポロン」という男女の双子を産みました。出産を助けた浮島は、ゼウスから逃れるため石に姿を変えた妹のアステリアだったのです。

アポロンはのちにこの浮島を大地に結びつけて、揺るぎない島としています。アポロンの輝きに祝福された島は「光に満ちた」という意味でデロス島となりました。ゼウスによってオリンポスに迎えられたレト、アルテミス、アポロンの親子３人はオリンポスで暮らすことになりました。

▼アトラスの娘マイアが産んだのは

当然のことながらおさまらないのはヘラでした。それはそうでしょうね。

「どうして一緒に暮らさなきゃならないの？　なぜ、私ばかり我慢を強いられるの？」

一方、自信を深めていた「大神」ゼウスは、女性達にチヤホヤされて有頂天、とにかく「向かうところ敵なし」状態ですからね。

「一体どういうおつもりですか？　私を唯一の妃にすると約束したではありませんか！」とヘラに詰め寄られてもヘッチャラで、「神の言葉に嘘などない。約束どおり妃にしたではないか。ただ浮気はしないという約束はした覚えはないからな」と涼しい顔で屁理屈をこねて遊びまわるばかり（屁理屈ではありますが、こういうスリ抜け方思わず笑ってしまいませんか？）。ゼウスがお手本を示したことで、♂の習性はいまだに修正されることのないままなのは明らかですよね。

北欧百科事典に描かれたアトラス

そんな中でも西の端で天空を支え続けているアトラスの娘「マイア」は、相変わらずゼウスにとって気になる存在でした（絵画だとなぜかアトラスは地球を支えているような……空が落ちてこないようにさせているはずなのに「杞憂」でしょうか）。

「良いではないか、良いではないか」と、まるで時代劇の悪代官のように迫り続けたある日のこと、「言うことを聞けば、父を許していただけるかも」と健気な心持ちから身を許してしまいます。結果、妊娠。どうやらゼウスは無駄撃ちをしないみたいです。子供に免じて父の許しを請うマイアに、「そんな約束をした覚えはない」と冷たい態度のゼウスでした。さすがのヘラも「だから言わんこっちゃないでしょ。言い寄られたら、見返りも要求せずに身を任せるようなことをしてはいけないのよ。あとで泣きを見ないように自分を守りなさい」と女性達を諭すしかありませんでした。この入れ知恵、ゼウスの浮気に辟易したヘラのせめてもの抵抗でしょうか。

▼ちょっと怪しげな「ヘルメス」

ヘルメス像　シャルル・メニエ
フランス革命博物館蔵

マイアから生まれたのはヘルメス。アポロンが可愛がり大切に飼っていた牛の群れからを牛を盗み出し、神々に振る舞ったことでアポロンの怒りをかったことがありました。この時は牛の皮で作った竪琴をお詫びの印としてアポロンに献上したり、葦笛を贈るなどして怒りを解いた、なかなかの世渡り上手。怒っていたアポロンですら、友情の証として眠りをコントロールする黄金のケリュケイオンの杖を贈ったほど、憎めないキャラのようです。

少々悪賢くもありますが、目端の利く子で行動は迅速、神々の伝令のような役割を果たして可愛がられていました。当然ゼウスはヘラに隠れてマイアに会いに行くときにも重用していました。ゼウスの行き先を尋ねるヘラへの言い訳も上手でした。つまり弁舌さわやかに「嘘」をつくのが得意だったというわけ。

ある日ゼウスにハデスのところまでの使いを頼まれ、「いくら神の端くれの僕でも、冥界は恐ろしいです。もし帰って来られなかったら……」と怖気づくヘルメスに、ゼウスはこの世と冥界を行き来する能力と翼のあるヘルメットと黄金のサンダル（タラリア）を与えたのです。あの世も含めてどこにでも行き来できることになったヘルメスは「旅の神」とされました。死者が冥界に旅立つ時の案内役も務めています。

さらに抜け目のなさで商売の神、おまけに嘘も上手なのですから泥棒に詐欺と賭博まで含めた商売なのです。それに驚いたことに錬金術の守護者でもあるのです。なんとも怪しげな神様だと思いませんか。

▼それでもゼウスは子作りに励む――姉の「デメテル」とも

性懲りのないゼウスは、姉の「デメテル」（農耕と収穫の神）に言い寄ります。デメテルの名前はコンピューターソフトウェアの設計に詳しい方なら「デメテルの法則」でおなじみかもしれません。

デメテルとゼウスとの間に生まれたのは「コレ」という女神。

「まったくもう、ちょっと目を離すとすぐにどこかで子作りしちゃうなんて、勝手に出かけないようによく見張ってちょうだい！」というヘラに周囲は「そんなことおっしゃられてもぉ、なにしろ世界の支配者でいらっしゃるので何かお考えがあってのことでしょう」と及び腰。

「わが夫ながら、ゼウスってそんなに偉いのかしらね」と考えこむヘラ。日本でもいうではありませんか、「女房の目から見たら英雄なんてイナイ」って。そりゃそうですよね。どれほどお偉いお方でも、「素」をさらけ出すのですから。

お風呂あがりに素っ裸（もしくはパンツ一丁でウロウロ、無精髭の寝起き姿など）を目にしていたら英雄も権力者もカタナシですよね。

▼アフロディテとエロスの親子が……

「ゼウス様がそれほどにお偉いお方なら、ご挨拶しておかなくては」と現れたのが、同じ祖先クロノスの「一部」から生まれた「アフロディテ」と「エロス」の親子（義理の、ですが）。

なんと言ってもアフロディテは美の化身です。古代ギリシアでは「微笑みを愛でるアフロディテ」と形容されていたようですが、オリンポスの男どもは微笑みどころか、ことごとく目をハートに、まさに釘付けです。ゼウスとて例外ではあり得ません。

「大勢の神が言い寄っているのですよ、貴方が手を出したらどんなトラブルが起こることか。もし内部分裂でもしたらどうするおつもり？」とヘラに諫められ考え込むところで、アフロディテとエロスから人間界のお話を。

4　人間界では

▼人口増加と食糧不足――ゼウスが選んだのは

人間の増産に勤しむプロメテウスのおかげで、あれよあれよと言う間に人口は増加。一説によると手先の器用なヘパイストスも人間造りを手伝ったとされていますから、人口増加に歯止めはかかりません。

働き手が増えたのは良いことですが、ここで食料不足という深刻な問題が起きました。

しかもプロメテウスは、人間に火の扱いや文字を教えていましたから、知恵のついた人間は肉を炙ったり焼いたりして「美味しく」食べることを学んでいたのです。グルメ化した人間は、生命をつなぐ「食料」から神々と同じような贅沢な「食事」をするようになってきたのです。食料を神と人間で分けるということから生じた「食糧不足」。

これに気づいたゼウスは、神と人間のケジメとして犠牲として捧げた牛肉をどのように分けるべきかプロメテウスに問うたのです。

プロメテウスはキッパリと答えました。「そういう重要なことは、大神であるゼウス様がお決めになるべきです」と。裁定の日にプロメテウスが用意したのは、骨や臓物を美味しそうな脂身で包んだ不味い肉と、不味そうな皮で包んだ美味しい肉のふた通りでした。

美女に弱いゼウスは見た目にこだわるタイプでしたから、選んだのは美味しそうに見えるクズのほう。

開けてびっくりですが、神の決定を覆すことはゼウスとてできないこと。こうして肉は人間の、骨は神の食するものとなったというワケです。その代わりに不死ならぬ人間の暮らす地上の食料もすべて腐ってなくなるということになりました。
現代になると賞味期限とか消費期限とかややこしい「期限」があって、腐るとかダメにならなくても廃棄処分に。食料自給率の低い国で輸入したものまで「廃棄」するという現状、ゼウス様はどのようにお考えなのでしょう。このところ世界的に「食品ロス」に取り組むようになって来ましたが、遅すぎなければ良いけれど……。

▼人間に火を与えたばかりに「縛られたプロメテウス」

不死ではない代わりに美味しい肉を食せるということになったのですが、神ではない人間の思慮の浅さを憂慮し（神話を読む限り、全能の神々もかなり人間臭くて完璧とは言い難いというのに）、判断力のないものが身に余る力を持つと、使い方を誤るばかりか道を踏み外して破滅に向かうとして、ゼウスは神々のものである「火」を取り上げてしまったのです。どーせなら爆弾を含めた「原子力」というものをさっさと取り上げてほしいものです。
煮炊きもできず、寒さを凌ぐこともできなくなった人間。哀れに思ったプロメテウスは大茴香（フェンネル）の茎に、ヘリオスの馬車からという説と、ヘパイストスのかまどの火を移したという説がありますが、ともかく種火としてふたたび人間に届けたのです。人間達が感謝したのはいうまでもありませんが、ゼウスの怒りは凄まじいものでした。
前述した肉の一件も含めて、知恵者のプロメテウスはゼウスにとってはかねがね目障りな存在でした。罰として地の底に押し込めると脅してみると、プロメテウスは「それでも良いですよ。でもね、そんなことをなさったらお困りになるのは貴方のほうですよ」と言い放ち、平然としているのです。
「なんという図々しさ！」ゼウスの怒りは激しさを増すばかりです。先見の明を持つプロメテウスは、何に食わぬ様子で「ゼウスの存在を危うくする運命の秘密」を知っていると公言してはばかりません。
「憎たらしい奴。どうにかしないと腹の虫がおさまらん。しかし私の存在を危うくする運命とは一体何なのだ！　この私が知らないことがあって良いものか！　あ～気になるぅ」とイライラを募らせます。

「縛られたプロメテウス」
ピーテル・パウル・ルーベンス
フィラデルフィア美術家蔵　1610と1611年の間

全知全能ですから、わからないのは不思議ですが、よく占い師が自分のことは占えないといわれるように、自分のことはわからないのかもしれませんね。困り果てたゼウスはプロメテウスをコーカサス山の頂に磔にし、3万年の間、毎日エキドナとテュポンの子の大鷲エトンに肝臓を啄ばまれるという刑に処したのです。

面倒なことにプロメテウスは不死ですから、肝臓を食べられても翌日にはまた新たな肝臓が……再生医療は羨ましがるかもしれませんが、延々と続く痛そうな刑罰というか拷問です。でもなぜ肝臓なのでしょうね。心臓、膵臓、腎臓など内臓ならなんでも良さそうなのに「肝臓」を選んだのは、肝臓が再生能力の高い臓器というだけではなく、心や魂と強く結びつけられていたからとされます。日本でも「肝心」「肝要」という表現がありますよね。これについてはプラトンの『ティマイオス』でも参照してくださいね。

でも先見の明のあるプロメテウスに、こうなることが予測できなかったのは不思議な気がします。

▼最強の怪物「テュポン」と怪物の祖「エキドナ」

大鷲エトンの父「テュポン」は、ガイアとタルタロスの息子です。テュポンの足は蛇、首には100の龍だか蛇の頭があって、目からは火を吹くという怪物。フィギュアを作るのもかなり大変そうなテュポンは、ギリシア神話に登場する「怪物」の中で最大最強。その力はゼウスに匹敵するほどだとか。

奥さんの「エキドナ」はポルキュスとケトの娘とされますが、両親については諸説あり。ともかく上半身は美女、下半身は蛇、背中には翼……蛇×蛇がどーすると大鷲になるのか、気にしないください、とにかく「伝説」なので。

エキドナさんはというと、ギリシア神話の「怪物の祖」とでもいうべきかほとんどの怪物は彼女の子孫なのです。怖いけれどすごく興味を引く存在です。プロメテウスは後に解放されるのですが、その顚末は後ほど（155 頁）。

▼ゼウスからエピメテウスへの危険な贈り物「人間の女性」

プロメテウスの弟のエピメテウスは兄の影響でしょうか、神様ではありますが人間界である地上に入り浸るようになります。罰を受ける前にプロメテウスが「ゼウスの贈り物には気をつけろ！」と言い残していたのを覚えているのかいないのか？

再び「火」を手にしたことで勝手気儘に暮らしている人間達を苦々しい想いで見おろすゼウス。何か罰を与える手立てはないものか、思いついたのは「女性」を与えることでした。プロメテウスが作った人間は男性だけ（自分の姿に似せて作っていたからなのでしょうね）。ですから地上の人間は全て♂だったのです。

ヘパイストスに人間の女性を創るよう命じます。それも最高の美女を。

泥をこねて作り上げた人型の出来は素晴らしいもので、ゼウスが生命を吹き込むと格段の出来栄えに。人間界で初の女性も、生まれた時から大人です。

神々からの贈り物のすべて「パンドラ」と名付けられたこの女性は美しく優雅で魅力的でした。神々からの贈り物の詰まった壺（箱とも言われていますが、時代背景を考えると壺のほうがしっくりくるようなので）を携えてエピメテウスに贈られたのです。

「仕事と日」のイラスト　パンドラとカリテス
ジョン・フラックスマン（1755-1826）

女神アテナがスタイリストとなり、美しく着飾ったパンドラです、「女性」がいなかったにもかかわらず「美女」がわかったのは「なぜ？」と気になりますが、考えてもいなかった事態に驚いたエピメテウスは「ゼウスの贈り物には気をつけろ」と言われていたことを思い出しはしたものの、例によって「後で考えよう」とパンドラを受け入れてしまいます。

「女性」という人種を初めて目にしたことで騒々しい周囲の男達に、「子供を大勢つくっていずれ女性というものを君たちにも分けてあげるからね」と極めて能天気なエピメテウス……。女性を知らなかったというのに凸凹の使い途がわかっていたのは不思議ではありますが。これは『古事記』の記述ですが、「我が身は成りなりて成り合はざる処一処あり」と「我が身は成り成りて成り余れる処一処あり」というようなやり取りがあったことにしておきましょう。

5　人間界に「災厄」をもたらしたパンドラ

▼パンドラの「壺」

パンドラはエピメテウスがあれこれ面倒を見てくれますが、手持ち無沙汰で退屈な日々を過ごすようになります。ゼウスに渡された「壺」は置きっ放しのまま。何が入っているのか気になって仕方がありません。「開けてはいけない」と言われたことは覚えているのですが、「開けてはいけないものを何故くれたのか？」

エピメテウスに相談しても「どうするか後で考えよう」と言うばかり。ある日「ちょっとくらい開けても、天上のゼウス様にはわかるはずないわよね」と好奇心に負けて蓋を開けてしまったパンドラです。

いっせいに飛び出してきたのは、疫病、嘆き、嫉妬、怨み、悪意、盗み、争い、裏切り、死、悲しみ、後悔、自己嫌悪、戦争、災害、暴力など、人間界に存在しなかった天上界のありとあらゆる災厄が、「あ～、楽になった」と飛び出してきて世界中に広がってしまったのです。

空になった壺を覗き込んだパンドラに話しかけたのが「希望」でした。悪いもの達に押しやられて最後まで出られなかった「希望」は、人が気づかなければ寄り添うことができない存在だそうです。ですからどんな時でも「希望」を忘れないでいてあげましょうね。

▼歴史に名を残す女性は

人間界に災厄をもたらしたのはパンドラ。しかも彼女は最初の女性として人間に贈られたというのですから、「災の素」ですよね。聖書でも禁断のリンゴを口にしようとアダムをそそのかしたのはイヴ（彼女は蛇のせいにしようとしますが……）。この世の災厄はすべて女性のセイにされているような。そういえばお隣でも、「女子と小人とは養い難し」と孔子様が述べられておりますね。

一説によると『神統記』や『仕事と日々』の著者ヘシオドス個人の女性観と古代ギリシアの「女性嫌悪」の思想が影響していることも否めないようです。極端な女嫌いだったという彼は、どんな理由で女性嫌いになったのでしょうか。根底には女性の社会進出なんて考えられもしなかった時代に、家の中の仕事をするとはいえ、汗水たらした稼ぎを食いつぶして文句ばかり口にするような女性は、災厄に思えたのかもしれませんね。

知性や教養、人格などの面で評価されるような女性はいなかったのでしょうか。

歴史に名を残した女性といえば、美女か悪女ばかり。なにしろ家父長制社会の古代ギリシアでは「沈黙と寡言（口数が少ないこと）が女の飾り」で、男たちはいうと「我々は快楽のために娼婦（世界最古の職業なので）を、体を日々世話してもらうためには妾を、跡継ぎの男子を産んで、家庭を誠実に監督してもらうために妻を持つ」という時代でしたから、現代とは社会環境が違うということで、目くじらを立てるのはやめておきましょう。

▼「悪妻の日」というのがあるんですって

そういえばオリンポスの女神様の中は、アテナ、ヘスティア、アルテミスのような「男嫌い」もいらっしゃいます。女神だけで子供を産むお話がたくさんあるのというのは「処女懐胎？」。後世のキリスト教にも影響しているのでしょうか。

ともかくヘシオドスの『神統記』によれば「この女から恐ろしい族、女どもの種族が生まれたのだ。彼女らは死すべき男どもと一緒に暮らし、大きな災難となっている。おぞましい貧窮の際には連れ添わず、裕福だけを分かち合う……」。糟糠の妻はいなかったようですね。

そういえば4月27日は「悪妻の日」なんですって、ご存知でした？　世界三大悪妻のひとり哲学者ソクラテスの奥方クサンティッペに由来する記念日だそうです。「人前で（夫を）罵倒し、頭から水を浴びせかけたりしている。現在過去未来、これほど耐えがたい女はいないだろう」とまで弟子のクセノフォンに言われたクサンティッペですが、「良い妻を持てば幸せだろうが、悪い妻を持てば私のように哲学者になれる」といって取り合わなかったソクラテス。傍目にはわからない「夫婦哲学」をお持ちだったのでしょう。

残る2人は、モーツアルトの妻コンスタンツェさんとトルストイの奥方ソフィアさんだそうです。

▼ゼウスが指示した人間の穢れを洗い流す大洪水

そうこうするうちに「女性」を含めた災厄は人間界に蔓延し、トラブルや揉め事がつきなくなります。なぜか女性もねずみ算のように増えていて、人口は増加する一方。風紀は乱れ、寛容さは失われて「自分さえ良ければ」と欲に支配され争いの絶えない人間界。腹立たしいことに「神への感謝」なんぞどこへやら、すっかり忘れてしまっているようです。この状況、現在と似ていませんか？

ゼウスにしてみれば、「せっかく与えてやった知恵と能力を揉め事に使い、自分たちが優れた存在と思い込んでいる」という嘆かわしい状態だったのです。

災厄を送り込んだのはゼウス本人ではありますが、増殖させ悪化させたのは人間だというお考えで、製造者責任はどこへやら。世の中を穢れたおぞましいものに変えてしまった責任は人間にあるとして、汚れを全て一掃してしまおうと世界中の水に人間の穢れを洗い流すように命じます。つまりは人間を滅ぼしてしまうことでした。

▼新たな人間の世界をつくったのはギリシア人の祖「デウカリオン」と「ピュラ」

この頃、連日肝臓を啄まれていたプロメテウスは、たびたび様子を見にやってくる息子の「デウカリオン」に「そのうち大水に襲われるから、大きな船を作りなさい」と教えていました。なにせ先見の能力をお持ちなのですから、デウカリオンは父に言われた通り陸地に船を造って雨が降り始めると家財道具を積んで、妻の「ピュラ」(エピメテウスの娘) と乗り込みました。そんな二人を「何をやっているのだよ。ここは丘の上じゃないか、いくら大雨でもここは大丈夫さ。さぁ一緒に飲もうぜ」と笑い者にしていた人間達でしたが、雨は降り続き、船が浮き上がるほどの大水が全てを飲み込んでしまいました。

9日間続いた雨が止んだ時、残っていたのはデウカリオンとピュラだけでした。見渡す限りの海原の彼方にパルナッソスの頂が……。ここはゼウスの二人目の妻テミス (掟) の神殿のあるところ。

二人は人間を増やすのに力を貸して欲しいと頼みました。

テミスは、人間を増やす方法として「母の骨を拾い、それを後ろに投げながら、前へ進みなさい」と教えました。「母の骨を投げる」、そんな酷いことと驚いた二人でしたが、母なる大地ガイアの骨は岩石であると気づき、あたりの石を拾って後ろに投げたのです。

デウカリオンの投げた石は男に、ピュラの石は女となって、新たな人間の世界が始まったとされています。

この様子を眺めていたゼウスは、「今度は大丈夫だろうか？　まぁ、また愚かな振る舞いを繰り返すようなら、その時には大洪水を起こしてやるさ」と仰せになったというのです。

ノアの箱船のような大洪水のお話は各地に幾つもの伝説があるというのですから、度々起こっていたのかも知れませんね。昨今の自然の猛威は、勝手気儘な人間の振る舞いに対するゼウスのお仕置きかもしれません。

ゼウスのお仕置きは、「水」だけではないかもしれないと思わされることの一つに天文ファンの間で話題になっている「超新星爆発」という現象。オリオン座にある1等星で「ベテルギウス」という恒星、オリオンの右肩の赤い星です。この星が約1000万年とされる寿命の9割を過ぎていて、2019年の秋あたりから観測史上異例の暗さとなったため、爆発の前兆ではないかと専門家と天文ファンの間で話題になっているのです。極端なことを言えば、オリオン座の形が違ってきたということ。

一説によるとベテルギウスの質量は太陽の20倍大きさは太陽の1000倍だとか、超新星爆発は星の中心核が一挙に潰れることから始まるとされます。その時に放出される「ニュートリノ」という素粒子を真っ先に捉えられることができるのは日本。ノーベル賞を受賞した小柴博士の「スーパーカミオカンデ」という装置、岐阜県飛騨の神岡町にあります。神岡だから「カミオカンデ」と名付けられたのかと思いきや「神を拝んで」から着想されたとか。

もし超新星爆発を起こしたら、一時的に満月より明るくなり昼間でも見えるほどの状態が100日ほど続いた後、暗くなって消えてしまうということです。

ここで大きな問題が、超新星爆発を起こすような恒星は強力なγ（ガンマ）線を放出するというのです。もしγ線が地球を直撃したら、オゾン層が破壊され有害な紫外線が大量に地上に降り注ぐことになるのです。

オゾンホールが大きくなったと言って、皮膚ガンの不安やサングラス着用と大騒動した比ではないのです。地球上のあらゆる生命体の存続危機を迎えるかもしれないのです（ベテルギウスと地球の自転軸が20°ずれていることから、直撃は避けられそうです）。

何が起こるかわからないというリスクがあるにせよ、天体で繰り広げられるスペクタクルを自分の目で見たいと切望しているのは専門家だけではないようです。でも「明日爆発してもおかしくない」としても、時間の流れが異なる天体では1年どころか、100年や1000年もしく1万年後以上かもしれないのです。その雄大さを思うと、「人生100年」なんて言って見たところで束の間ということですね。「自分の足下ばかり見ることに夢中にならず、悠久の大自然に思いを馳せて見なさい」という神々からの警告かもしれないと思ったりします。さもないと「水」だけではなく「γ線」というお仕置きが飛んで来るかもしれません（ベテルギウスについては、ナショナルジオグラフィックやコスモライブラリーなどのホームページやＮＨＫのサイエンス番組など参照してみてください)。

6　神々の恋バナ

▼ヘパイストスはマエストロ

人間界がリスタートしたところで、神の世界に話を戻しましょうか。

人間への災厄「パンドラ」を作ったヘパイストスは、アテナの盾（アイギス)、ゼウスの雷、自分で歩く真鍮の三脚器、アポロンとアルテミスの矢、アキレウスの武具一式、ヘルメスのサンダル、青銅の巨人タロース、ヘラクレスの青銅の鉦に、建物や家具、ハルモニアの首飾り、アイエテス王の火を吹く牝牛などにも腕をふるっています。

「ゼウスの雷を鍛えるヘパイストス」 ピーテル・パウル・ルーベンス　プラド美術館蔵　1936-1638年頃

中でも巨人の「タロース」にご注目を。ゼウスからエウロペに与えられた青銅の自動人形で、彼女がクレタ島へ連れて行ったもの。1日に3回、島中を走り回って島を守り、近づく者には石を投げつけて撃退、人が近づくと高熱を発して身体中を真っ赤に熱してから抱きついて、焼き殺すという強力なガードマン。もしかしてロボットのさきがけか？

優秀な職人となったヘパイストスに、育ての親テティスは優しく接し続けていましたが、産みの親のヘラは決して「自分の子」と認めず忌み嫌っていたのです。

▼ヘパイストスと産みの親ヘラの確執

そんな彼を思いやってかポセイドンは「結婚相手でも見つけてあげたら？」と切り出しますが、ヘラは「あんな醜い子なんて産んだ覚えはないわ」と冷たい態度で一蹴。テティスには心から感謝をしているとはいえ、実の母にも認めてもらいたいヘパイストスは、腕によりをかけて黄金に宝石を散りばめた豪華な椅子をつくって、ヘラに贈ったのです。

確かな腕の職人が作った素晴らしい細工の椅子、さすがのヘラも上機嫌。さっそく座ってみたところ、あっという間に手、足、身体を拘束されて身動きできなくなってしまったのです。どういう仕掛けになっているのか、全知全能のゼウスにすら見当がつきません。ヘパイストスは自分にしか外せないような細工を施していたのです。

神々も野次馬ですから、興味津々で「なんの騒動？」と集まってきました。ヘパイストスは枷を外す条件として、皆の前で自分の産んだ子であると認めるようにヘラに迫ったのです。切羽詰まったヘラはその事実を認め、「確かに私が産んだ子よ。この枷を外してくれたら欲しいものは何でもあげるし、好きな女性と結婚させてあげる」と叫びます。でも、ヘパイストスにしてみれば、これまでのヘラの態度から外して欲しいから出まかせを言っているとしか思えません。

「出まかせではないわよ。早く外してちょうだい」。ヘラは頼み続けます。

▼ヘパイストスとの結婚を命じられて仰天したアフロディテ

ヘパイストスは「ではアフロディテと結婚させてくれますか？」と迫ります。

ヘラにしてみればここまで追い込まれると仕方がありません。ゼウスにしてもこの事態を収拾させるためには同意せざるを得ませんでした。

おもむろに口を開いたゼウスは、ヘパイストスとの結婚をアフロディテに命じたのです。

一番仰天したのはアフロディテ本人でしょう、何しろゼウスを含めたオリンポス中の男性の注目を集めていた「美」の女神です。よりによってヘパイストスと……。「どうして私が！」

それでもゼウス夫妻の命令とあれば致し方ありません。彼女にとっては全く納得のいかない成り行きでの結婚でした。

うまくいくはずのない夫婦関係に息子のエロスが言いました。

「私が母上に金の矢を射れば、ヘパイストスを恋しく思えるでしょう。どうですか？」「やめてよ、美の化身の私があんな醜い男に恋するなんて、とんでもないわ」とアフロディテ。
「では彼に鉛の矢を射るのは？　母上のことを大嫌いになって姿を見るのも声を聞くのも嫌になるから、それで解決しませんか？」
「何をいうの！　あんな男に嫌われるなんてとんでもないわ」とこの案も却下となりました。
　なんといっても「美の化身」、プライドとこだわりは相当ですね。そんな二人の不仲は、週刊誌やタブロイド紙、ＳＮＳなどなくても神々の間でも評判になっていました。ヘパイストスは仕事に打ち込んで工房にこもりがち、憂鬱で退屈な日々を過ごすアフロディテ……。
　そんな彼女の前に現れたのは「アレス」（軍神、つまり争いの神。ゼウスとヘラの息子）です。残虐な性格で、神々にも人間にも評判の悪い神なのですが、始末の悪いことにオリンポスの中で一、二を争う美男子だったのは前述の通り。

ご存知ルーブル美術館の至宝「ミロのヴィーナス」（アフロディテ）
BC 130 年頃の作品
1820 年ミロス島で発見

▼アフロディテとアレスの不倫

　美男と美女、アフロディテにとっては申し分のないお相手というわけで、話は簡単にまとまってしまいました。二人の密会に気づいたのは、太陽神の「ヘリオス」。ヘリオスの四頭立ての馬車が「太陽」と信じられていたのです。連日のように東から西へ、西から東へと馬車を走らせていて、たびたび二人の姿を見かけていたのでした。どうすべきかさんざん迷った挙句、ついにヘパイストスにアフロディテの不倫を話してしまったのです。
　最初は信じなかったヘパイストスでしたが、ある日「仕事場に籠るので、しばらく帰れない」と言い置いて家を後にしました。

これ幸いとアレスを誘い込んだアフロディテ。ヘパイストスお手製の特製ベッドで抱き合うと、これまた特製の金属糸の網で捉えられてしまったのです。もがけばもがくほどきつくなる網、ヘラの椅子と同じです。これもヘパイストスでなければ解けない造り。

ヘパイストスはオリンポスの12神を集めて二人の恥ずかしい姿を晒した上で、ヘラに向かって「貴女から拝領した嫁は他の神と臥所を共にするというふしだらさですから、ノシをつけてお返しします」と宣言したのです。でもね、この時神々の中には「あーなっても良いから、ぜひアフロディテとお手合わせを」と言った方々もおいでだったとか。何をか言わんやですね。

大勢の前で２度も恥をかかせるほど、ヘパイストスのヘラへの憎しみは深いものだったのです。それでもヘラは「容姿は醜くても天才的な腕に産んであげたでしょ、おまけにアフロディテだって自分で選んだ嫁じゃないの。文句ばかり言ってないで感謝して欲しいものだわ」と開き直っていました。

ポセイドンの仲立ちで、ヘパイストスはアレスから賠償を受け取ってアフロディテとは離婚となりました。はるか昔の神話時代に離婚と慰謝料があったとはオドロキです。

アレスはトラキアに、アフロディテはキュプロス島でしばらく謹慎させられました。その後「ハルモニア」（調和）、「アンテロス」（相思相愛）という母親似の娘、「デイモス」（恐怖）と「ホボス」（敗走）という父親似の息子が生まれていますから、二人の仲は続いたってことですかね。

▼眠っていると歳をとらない？――人間に恋してしまった「セレネ」（月）

アレスはアフロディテとの密会の際、ヘリオスに見つからないように気をつけてはいたのです。しかし、見張り役を仰せつかった「アレクトリュオン」という坊やがうっかり寝込んでしまったため、ヘリオスに気づかれてしまったのです。

怒ったアレスはアレクトリュオンを鶏に変えてしまいました、そのため鶏は太陽がのぼるたびに「ヘリオスが来た（コケコッコー）」と鳴くようになったと言われています。

さて１日の始まりは「エオス」（曙）が夜の帳を開き、「ヘリオス」（太陽）が天空を駆け、夕暮れには「ニュクス」（夜）が帳を引き、「セレネ」（月）が天空を通り過ぎることになっていました。

「セレネとエンデュミオン」
ビクター・フローレンス・ポレット

ある時セレネはいつものお仕事中に、地上に目をやると人間とは思えないほど美しい少年が眠っているのに気づきました。一説によると彼が眠っていたのは小アジアのラトモス山のあたり。思わず地上に降りたセレネ、つまり月が姿を消してしまったのです（これ皆既月食ですかね）。

セレネは少年に名前をたずねました。「エンデュミオン」と名乗った羊飼いの少年は人間です。あろうことか人間に恋してしまったセレネ。

エオスが言いました「恋をするのは勝手だけれど、相手は人間よ。女神である私たちは不死だけれど、人間は老いて死んでいく存在よ。彼の美しさなんて一瞬のものだとわかっているの？」

理屈ではわかっていても、抑えようのない恋心、思いあまったセレネはゼウスに相談します。

「お願いです、エンデュミオンから若さと美しさを奪わないでください。なにか手立てはないものでしょうか？」

「そうは言っても歳をとるのは人間の宿命だ。どうしてもというなら目覚めないことだ。眠っていれば老化は避けられる。普通に暮らして歳をとるか、眠ったまま美しさと若さを保つかのいずれかだ」

セレネに相談されたエンデュミオンは、「貴女が私に惹かれたのは私の美しさなのですよね。ですから美しさを失うよりは、眠ったまま歳を取らないほうを選びます」と答えました。セレネは眠ったままのエンデュミオンを愛し続け、50人の娘たちを産んだとされます。いまでもエンデュミオンは眠り続け、セレネはその臥所を訪れているのかもしれません。睡眠が老化防止に効果アリというのはどうやら本当のようですね。

月の光はロマンティックでもあるけれど、見方によっては寂しげで物憂げなのはこうした理由があるからかもしれません。

▼不死と不老は別物だった――「エオス」（曙）も人間に恋

セレネの姉妹「エオス」（曙）は、物憂げなセレネの様子を見ていて「人間なんかに恋をするからよ」と言っていましたが、そのエオスもついうっかり好みのタイプの人間を見初めてしまったのです。

「エオス」イヴリン・ド・モーガン　1895 年

セレネと同じ思いはしたくないというエオスは、ティトノスというお相手をオリンポスへ連れて行きました。そしてゼウスに願ったことはティトノスを「不死」にして欲しいということだったのです。「もし彼が死んでしまったら、悲しくて仕事なんてできなくなってしまいます」というエオス。

彼女が仕事をしないと１日が始まりません。まるで脅しですがゼウスは聞き入れるしかありませんでした。

エオスとティトノスはオリンポスで幸せな日々を送るのですが、どれほどの時が流れたのか、エオスはティトノスに「老い」を感じたのです。

「そんな馬鹿な。不死にしてもらったはずなのに」

不審に思ったエオスがゼウスに訊ねたところ、「確かに不死は約束した。だがな、不老までは約束した覚えはないぞ」。こうした論法はゼウスの得意技のようです。

エオスの脅しは、見事なしっぺ返しをくらったのです。神様にお願いするときは「不老不死」とちゃんと伝えないとイケナイということですね。

ティトノスは年老いて、体はひからびる一方ですが、でも死なないというか死ねないというか、まるで生けるミイラですね。そうこうするうちにエオスはティトノスをすっかり忘れてしまったようです。ティトノスはどうなったのかといえば、セミに姿を変えたという説もありますが……。「エオス」はラテン語になると「オーロラ」です。暁だけではなく知性と創造性の光が到来する時のシンボルとなっています。

▼アポロンは恋愛下手

人間に恋をしたのは女神だけではありません。アルテミスの双子の兄アポロンは、人間のシュピレという女性と恋をします。貞淑で控えめなシュピレはアポロンを慕いつつも、人間である自分は束の間の存在であることを自覚していました。そうした彼女を思いやるアポロンでしたが、ゼウスと違って「永遠の命」を与える力はありません。せめて自分にできることと、海岸の砂を一握りすると「この砂粒だけの命をあげるから長生きをして欲しい」とシュピレに渡しました。砂粒は一体いくつあったのでしょうか……。

セレネとエオスの恋愛騒動で思い出したのか、アポロンは慌ててシュピレのもとを訪れました。

シュピレはすっかり歳をとり、残りの命があと何百年あるかわからないので、世間から離れてひっそり暮らしたいのです。どうぞもう私のことはお忘れくださいと言うばかり。

このことからアポロンは人間を相手に余計なことをしてしまった、と深く反省をしたようです。そんなアポロンの計らいでしょうか、シュピレはのちに神殿の巫女になったようですよ。

▼デルフォイのアポロン神殿

アポロン神殿は度々登場します。生誕地のデロス島をはじめ各地に神殿が建てられていますが、デルフォイが最も有名です。なぜか？　それはゼウスが世界の中心と定めたところだからです。

ある日ゼウスは世界の中心はどこなのかと思いつき、２羽の鷲を同時に東西に放ったところ世界中を飛び回ったワシたちは反対側から同時にデルフォイに戻ってきました。そこでデルフォイを「世界の中心 -Omphalos（ヘソ）」と定めたということです。

しかしこの２羽の速度、風速等の飛行条件は同じだったのか、「ウサギと

約120年から140年頃のアポロン
バチカン美術館所蔵

カメ」のように途中で昼寝をしたり、餌につられてのおサボりなどなかったのかなどとは考えないようにしましょう。

アポロン神殿の入り口には、γνῶθι σεαυτόν（グノーティ・セアルトン）「汝自身を知れ」と刻まれています。これはギリシアの残された記録によると最高の哲学者（ソクラテス以前です）タレスの言葉と伝わります。タレスの名前は中学校の数学で習う「タレスの定理」で知られています。また、万物の原理は水である、としました。

プラトンが『プロタゴラス』の中で、デルフォイのアポロン神殿に集まった７賢人が、「汝自身を知れ」と「度を越すなかれ」という２つの碑文を奉納したとしています。この二つは対になっているとされますが、「度を越すなかれ」はどこへやら、己を知らずに度を越して苦しみを増やすばかりが人間社会のようです。

ギリシアの神々の中でも美しく理知的な芸術の神アポロンは英語では「アポロ」。アメリカの有人宇宙飛行計画「アポロ計画」は神話からつけられたもの。月と狩の女神アルテミスの双子の兄ということから、後になって「太陽神」として神格が加えられました。もともとの太陽神は「ヘリオス」ですよ。

いずれにしても「寿命」のある人間が、神の力によって不自然な形で「長生き」をするのは考えものということかもしれません。人間生きているうちが花ということでしょうか。できる限り充実した楽しい時を過ごしたいものです。高齢化と長寿が叫ばれるこの頃、考えさせられるものがあります。ゼウスの息子アポロンは、「心・技・体」の全てを備え、音楽、医術、弓に長けたイケメンですが、少しひねくれたような極端さを感じます。母がティタン神族のレトということにも関係しているかもしれませんが。

▼エロスが放った恋の弓矢はアポロンとダフネに

さまざまな恋愛模様が華やかなオリンポスですが、女神の中には３人の処女神が。

かまどの神ヘスティア（ゼウスの姉）、アテナ（知恵と戦いの神）、アルテミス（狩りと月）は、オリンポスでも珍しい処女神です。「愚かでおぞましい男なんて、いなくても平気」という女神様たち。ただ面倒なことにアルテミスには双子の兄アポロンという存在が……。

あまりにも固すぎる妹に「ちょっとは楽しんでみたら、どう？」とアドバイスを繰り返しますが「余計なお世話よ。放っておいて」と突っぱねられてしまいます。

これを見ていたエロスがアポロンに言いました「金の矢を射込むとその時目にした相手に恋をするのはご存知でしょう？　試しにアルテミスさまに射てみましょうか？　お相手は誰にします？」

ムシャクシャしていたアポロンは「なんだよ、子供のくせに。恋だ、愛だというのは早すぎるよ。弓矢以外のおもちゃで遊びな」とやり過ごして相手にしませんでした。なにしろ弓矢の達人ですから、小さなエロスの弓矢なんてチャンチャラおかしいとしか思えなかったのも当然でしょうね。

この些細な出来事をアポロンはすぐに忘れてしまいましたが、子供とバカにされたエロスはしっかりと覚えていました。やったほうは忘れてしまうけど、やられたほうは決して忘れないといのは、神の世界でも通じる法則と言えそうです。

ある日アポロンの胸に金の矢を命中させ、続いて鉛の矢を河の神ペーネイオスの娘の「ダフネ」に放ったのです。

結果はご想像通り、アポロンはダフネに恋い焦がれ、男嫌いのアルテミスに仕えているダフネはますます頑なに……。拒絶されればされるほど想いは募るという恋愛力学で、寝ては夢覚めては現で他のことが手につかないのです。

「アポロンから逃げるダフネ」
ロバート・ルフェーヴル（1810年頃）

▼月桂樹と化したダフネ

考えるのはダフネのことばかり。「今日こそは」ダフネの姿を目にしたアポロンが呼びかけると、ダフネは脱兎のごとく走り出しました。追いかけながらアポロンは心情を伝えようと懸命に声をかけ続けますが、ダフネは振り返ろうともしません。必死で走る姿が、いっそうアポロンの心を捉えるのです。

懸命のダフネでしたが、さすがに男の足にはかないません。アポロンの手が肩にかかった時、ダフネは叫びました。「お父さま、どうか助けて。どのようなものに姿を変えても、清らかなままでいさせてください」と。ペーネイオスは娘の願いを聞き入れました。アポロンが掴んだのは、一瞬のうちに月桂樹と化したダフネだったのです。

アポロンは三日三晩月桂樹の下で泣き続けましたが、ダフネが元の姿に戻ることはありませんでした。アポロンは月桂樹の枝を切り、それを輪にして冠としました。そして戦場や競技場で目覚ましい活躍をした者たちを称える冠とすると誓ったのです。

ですから古代オリンピックの勝者の頭を飾っているのは、アポロンが約束した月桂樹の冠というわけです。アポロンが木の枝を頭に巻いている絵画や彫刻、目にされたこともあるでしょう。

アポロンに捕らえられて、樹になりかける瞬間のダフネは芸術家のイマジネーションを刺激するようで多くの絵画や彫刻になっています。芸能・芸術あらゆる知的活動の神とされる美形のアポロンの恋愛はなかなか上手く行きません。エロスの祟り（！）でしょうか？

▼女性より美少年が大事だった——ヒュアキントス（ヒアシンス）

「ヒュアキントス」は、西風の神「ゼピュロス」とアポロンが気を引こうとしていた美少年。彼がアポロンを慕って仲良くしているのが、ゼピュロスには気に入りません。

とにかくこの時代、大人の男性と少年の同性愛は信頼や同志としての絆というように考えられていましたから、女性との恋愛より重要視されていたのです。「ＬＧＢＴＱ」などははるか昔に超越していたのでしょう。

二人が円盤投げに興じているのを目にして、「ちょっと悪戯してやるか」と風をひと吹き。アポロンの投げた円盤は風に乗りヒュアキントスの頭を直撃！　ヒュアキントスは命を落としてしまうのです。亡骸を抱えて嘆き悲しむアポロン。

「ヒュアキントスの死」メリー・ジョセフ・ブロンデル　1781-1853　シャトーバロンマルティン博物館

ヒュアキントスの血が地面に染み込んでいきます。するとそこから美しい花が……。その名はヒヤシンスとされますが、深紅の百合のような花というので、他の花の可能性も。でもまあいいか、ヒュアキントスは花となって、少年の爽やかな美しさを今でも保ち続け

ているのです。

▼キュッパリソスは糸杉（サイプレス⇒キプロス）

もう一人の美少年「キュッパリソス」。心優しい彼はケオス島のニンフに捧げられたという金色の角を持つ大鹿と仲良しで、とても可愛がっていました。宝石を散りばめた首輪、額にはお守り、耳には真珠の飾りをつけた大鹿は、アポロンがヤキモチを妬くほどキュッパリソスのとても良い遊び相手でした。

ある日のことアポロンから狩りを教えてもらっていたキュッパリソスは、木陰で休んでいる獲物を目がけて槍を突き立てたのです。風上からそ～っと近づいて……獲物に近づいたキュッパリソスから血の気が引きました。彼が仕留めたのは、可愛がっていた大鹿だったのです。キュッパリソスの嘆きは深く、悲しみは増すばかり。アポロンの必死の慰めの言葉も耳に入らないかのようで「僕も死なせてください。永遠に悲しむ姿に変えてください」と懇願するばかりです。

ついにアポロンはキュッパリソスの願いを聞き入れ、天に向かってまっすぐ伸びる糸杉（キュッパリソス：サイプレス）に変えたのです。「私がお前を追悼をするから、お前は他の人々の死を悼み、嘆き悲しむ人々に寄り添い

「アポロンとキュッパリソス」
クロード・マリー・ドゥブエフ
カルヴェ博物館　1821 年

なさい」とアポロンが約束したことから、今でも墓地には糸杉が植えられているのです。哀悼の象徴ということで、宗教とも関係が深く古代ローマやエジプトでは神聖な樹とされました。キリストの磔に使われた十字架に使われたという説もあります。

キプロスという島名もサイプレスに由来すると伝わります。

「糸杉と星の見える道」
フィンセント・ファン・ゴッホ
1890 年　クレラー・ミュラー
美術館蔵

7　エジプト方面でのお話

▼エジプトの守り神は、ゼウスが口説いた「イオ」

息子のアポロンが報われない恋を重ねているのを知ってかしらずか、父のゼウスは相変わらず女性を口説くお忙しい日々を過ごしていました。そんなある日ヘラの神官のひとり「イオ」というイーナコス河神の娘にチョッカイを出していた時のこと、運悪くヘラに見つかってしまいます。

ゼウスはとっさにイオを牝牛の姿に変え「綺麗な牛だろう？　つい見とれていたんだよ」

「牝牛にされたイオ」
ジョヴァンニ・アンブロージョ・フィジーノ　1599年
マラスピーナ絵画館

お見通しのヘラは「本当に、これほど綺麗な牝牛は見たことがないわ。私にくださらない？」とおねだり。断りきれないゼウスは「好きにしなさい」と渡してしまうのです。

ヘラは全身に目がある巨人「アルゴス」を見張りにつけ監視させることにしました。

ゼウスはヘルメスの力を借りて取り戻すのですが、この時ヘルメスはアルゴスを殺してしまったのです。一旦は自由の身となったイオですが、ゼウスが元の姿に戻す前にヘラが送った虻に刺されて走り出してしまいます。

ゼウスは慌てますが、イオは走り続けます。野越え、山越え、海を越えてついにはエジプトへ。「もう勘弁してよぉ」と謝るゼウスに説得されたヘラは「彼女を元の姿に戻しても、絶対に手をつけないと約束するわね！」。ようやく同意してくれたので、イオは元の姿に戻ることができました。

そこはナイル河のほとり、「河から女神が」というわけで、エジプトの守り神になりまして、ゼウスとの息子「エパポス」が生まれます。

これが気に入らないヘラはこの子を取り上げて隠してしまいます。それでもエバポスはゼウスに守られながらシリアのビュプロス王に育てられた後、エジプト王となりました。

イオはエジプト国王テレゴノスと結婚してエジプト王妃になり、女神「イシス」として崇められるようになります。エジプトで牛が神として崇められているのは、イオの存在があってこそということなのでしょう。ただこれはあくまでギリシア神話、エジプト神話ではイシスはラーの娘とされています。ともかくギリシアの影響を受けていたのは確かなようですね。

イオが通ったとされる道筋には、「イオニア海」、「ボスポロス」（牛が渡ったという意味）など、イオにちなんだ名前がつけられているのも興味深いと思いませんか？

そうそう、ヘラに牝牛の見張りを頼まれてヘルメスに殺されちゃった多眼の「アルゴス」ですが、哀れに思ったヘラが自分を象徴する鳥とされた孔雀にアルゴスの百の眼を写して称えることにしたのです。そう言われれば孔雀の羽の模様が「目」にそっくりなのも頷けますね。

▼太陽神ヘリオスの息子「パエトン」

エジプト王となったエバポスと太陽神ヘリオスの息子「パエトン」は、子供の頃の遊び友達でした。「エバポスのお父さんはあのゼウスだって」と仲間にチヤホヤされているので、「僕のお父さんは太陽神のヘリオスだよ」と子供ならでは対抗心から口にしてしまうのですが、「そんなの嘘だろ」「お前の父親なんて誰だかわかんないよ」と疑われるばかり。挙句の果ては「証明してみろよ」とけしかけられてしまいます。

母親（オケアノスの娘クリュメネ）は、「証明なんて必要ないわ。貴方がヘリオスの息子というのは間違いのないことですもの」と言うばかりで子供の気持ちをわかってはくれません。こうなったらヘリオスに会って直接確かめるしかありません。こっそり家を抜け出したパエトンは、東の果てにあるという太陽の宮殿に向かったのです。ともかく東へ、東へひたすら歩み続けているうちに東の果てに辿り着き、目の前に光り輝く宮殿が見えてきたのです。

喜び勇むパエトンはヘリオスの前に案内されます。「お父さん？」恐る恐る尋ねたパエトンを「よく来たな。しばらく見ないうちに大きくなったな」とあたたかく迎えたヘリオス。「さびしい思いをさせて悪かった。お詫びになんでも言うことを聞いてあげよう」とまで言ってくれるではありませんか。パエトンは嬉しくてたまりません、「なんでも？」と甘えてみました。「そうだ、ステュクス河に誓ってお前の願いを叶えてやろう」

冥界を流れるステュクス河への誓いは神々でさえ守らなければならない厳しいものでした。聖書に誓ってとか母親の墓に誓ってとかはよく耳にしますが、あまり守られていないような……アメリカ大統領だって就任式には聖書に手を乗せてI do solemnly swear……なんて宣誓していますけど、どうなの？

「それじゃあ、お父さんの二輪馬車に乗ってお父さんと同じように空を駆けてみたいな」

「えっ！　なんだって太陽の馬車に？　あの馬車は乗りこなすのが難しく、あのゼウス様にもできないのだよ」いくら言い聞かせてもパエトンは納得しません。

ステュクス河への誓いを破るわけにはいかないので、ヘリオスはこの願いを聞き入れるしかありません。

「今日１日だけだよ」

「決して手綱を緩めたり、放してはいけないよ。利口な馬たちだから手綱さえしっかり握っていれば、いつものコースを走ってくれるはずだ。とにかく気をつけることだ、もしコースを少しでも外れると馬たちが迷ってしまうからね。くれぐれも手綱をしっかり握っているのだよ」。口が酸っぱくなるほど言い聞かせたヘリオスでした（この話、筆者が子供の頃から不思議でした。

「パエトンの墜落」ルーベンス
ナショナル・ギャラリー・オブ・アート
1604-1605 頃

初めて馬車に乗るという子供を1人で乗せるなんて。ステュクス河に誓ったとはいってもタンデム走行できなかったのかと、どうしても納得できないのですが……)。

▼太陽が軌道を外れたのは……

上機嫌のパエトンは馬車に乗り込み出発して行きます。ヘリオスは不安そうに見送るしかありません。「太陽が昇った」と人々が1日を始めるのをみおろすパエトン。いつもの御者（ヘリオス）より軽いせいでしょうか、馬足は速めのようです。

パエトンの歩いて来た距離などアッという間でした、自分の村の上と気づいたパエトンは「バカにした奴らを見返してやろう」と自分の顔が見えるように馬車の高度を下げたのです。馬車に乗っているのがパエトンとわかって友人たちが驚いたのは確かですが、人間たちが慌てふためく事態に。

なにしろ太陽の高度が下がってしまったので、地上が熱くなってしまったのです。慌てたパエトンが高度を上げると地上から離れ過ぎて寒くて凍えそうに。ヘリオスが危惧した通り、コースを外れた馬車はunable to control……つまり制御不能。天空から地表まで滅茶苦茶に暴走しているので、地上のあちこちで大火災、干上がって砂漠になってしまったリビュア、エチオピアでは人の肌が焼かれたため黒くなったとか、湖や河は干上がり地上は火の海。

たまりかねた豊穣の女神ケレスが非常事態をゼウスに報告しました。ヘリオスを含めた全ての神々を集めたゼウスは「致し方あるまい」と決定を下し、パエトンめがけて稲妻を投げつけたのです。

黒焦げになったパエトンは真っ逆さまに地上へ。その体を河の神エリダノスが受け止め冷やしてあげたとされます。パエトンの姉妹たちはその運命を悲しんで、川辺に立ち尽くして泣いているうちにポプラの木になってしまい、その涙は固まって琥珀になったということです。

▼「エバポス」の子供たち

パエトンをからかっていた「エバポス」は前述したように、エジプト王となりナイル河の神の娘メムピスと結ばれ、リビュエ、リュシアナック、テーベという３人の娘が生まれます。

長女のリビュエ（リビアの由来）はポセイドンとの間にアゲノルとベロスという双子をもうけています。フェニキアの王となったアゲノルは、カドモス、キリクス、ポイニクスの３人の息子とエウロペという娘を得ています。ベロスは、ナイルの娘アンキノエを妻にして、アイギュプトスとダナオスという双子の父となります。アイギュプトスはアラビアにダナオスはリビアに住むことになり、ゼウスの子孫は地中海を中心に広がりを持つようになり、各地の伝説が入り混じって複雑になります。面白みは増しますが、頭の中はかなりこんがらがって、整理するのが大変です。

8　牛に変身したゼウスのおかげで生まれた“ヨーロッパ”

▼ゼウスは、フェニキア王の娘「エウロペ」にも

さてフェニキア王の娘「エウロペ」は、ゼウスの兄ポセイドンの孫に当たります。しかし問題の多いゼウス爺さんは、美しい娘に育ったエウロペを見染めて浮気の虫が疼き始めるのです。性懲りのないゼウスですが、それなりに学習したようで、ヘラに見つからないように姿を変えてアプローチするようになりました。侍女たちと花を摘んでいるエウロペの前に白い牛の姿で現れたのです。ゼウスの言い分は「これはゼウスではない。ただの牛だ」というものなのですが……。

「とても綺麗な牛ね。それにとてもお利口さんみたいだわ」と近づいたエウロペには、牛が背中に乗るように促しているように思えたのです。「乗りなさいっていっているようだわ」。お付きの者は止めましたが、エウロペは「大丈夫よ」と牛の背中に。

すると猛烈な勢いで牛が走り出したのです。あわてたお付きが追いかけますが、とても追いつけず見失ってしまいました。まんまと「誘拐」に成功したゼウスはクレタ島に上陸、エウロペとの間にミノス、ラダマンテュス、サルペドンという３人の息子をもうけたのです。

「エウロペの略奪」『The Rape of Europa or Abduction of Europa』フランソワ・ブーシェ　1747 年 ルーブル美術館蔵

ゼウスはエウロペに「タロース」（ヘパイストスが作った青銅の自動人形。タロースはクレタ島の防御のため毎日３回島を走り回って、近づく船には石を投げつけて破壊、近づく者には体から高熱を発して全身を熱してから抱きついて焼き殺したというおっかない代物、後で「アルゴー号」のところ〔160頁〕でも登場するので覚えておいくださいね）を贈ります。加えて、必ず獲物を捉える猟犬、なくなることのない槍という３つの贈り物をしています。エウロペが海を渡ったという西の地域は、彼女にちなんで「ヨーロッパ」と呼ばれるようになりました。

▼「カドモス」の娘「セメレ」

そうそう、エウロペの兄達は、行方不明の彼女を探す旅に出ていましたが、いくら探しても見つけることはできないまま、それぞれが赴いた土地の支配者となりました。

「カドモス」はトラキアに留まったのちギリシアに渡ってテーバイ市を創建したということです。

ただこのカドモス、テーバイを建設する前にアレスの水飲み場の番をしていた龍をアテナの助けで退治していました。気の荒いアレスは龍を殺されたことに腹を立て「テーバイを呪ってやるぅ～」と息巻いていたのです。

「なんともお詫びのしようもございません。アレスさまの龍とは知らずに誠に申し訳ないことをいたしました」
　平身低頭して謝罪するカドモスに、
「では私の娘を妻にして大切する気はあるか？」
「もちろんでございます。必ず大切にいたします」
　といったいきさつで、アレスとアフロディテの娘ハルモニアを妻としたカドモスとの間に、「セメレ」と名付けた娘が生まれたのです。
　月日は流れ、セメレは美しく成長します。彼女を目にしたゼウスは「これほど美しい娘に声をかけないのは失礼だ」と勝手な理屈で……。というわけで、セメレは妊娠。
「いつまでも性懲りのない人ね」というヘラに対しては、「いつまでたっても大神という私の使命をどうして理解できないのだ？　この世のすべての生命の責任者なのだから、新しい生命を与えることも私の最優先の使命なのだということが」という屁理屈を持ち出して対抗。
　結婚を司る女神でもあるヘラは「相手に誠実でいるべきだわ。浮気を許さないのは私の使命なの」という理屈で対抗。なぜかこの時は強硬でした。
　ギリシア神話で「神」とされる条件は、不老不死、変身能力（次元の異なる神界での姿が本来の姿ですが、人間界では人間のレベルに合わせる能力）、つまり他のものに変身する能力、飛ぶ力でした。ですからヘラにも他のものに変身する能力は備わっていたのです。いったい何をする気なのでしょう……。

▼妊娠したセメレに、変身したヘラのワナ

　出産が近づいたセメレの前に、産婆に変身したヘラ様登場。せっせと面倒を見ながら、ある日何気なく「お子様のお父様のお姿が見えませんね。噂で耳にしたのですが、赤ちゃんのお父様はたいそうご立派なお方だとか？」と何気なく口にしてみたのです。
　頬を赤らめたセメレは愛おしそうにお腹をさすり
「ええ、そうなの。赤ん坊を取り上げてくださる貴女には教えておかなくてはね。驚かないでね、父親はゼウスさまなのよ」と嬉しそうに話したのです

（カドモス、可哀想だわ）。
「あらまぁ、それはなんとも誇らしいことではございませんか。無事に良いお子様をお産みにならないといけませんわね」
　と内心の怒りを抑えて何食わぬ顔のヘラ。花瓶の花を整えながら「セメレさま？」
「なあに？」
「私、ちょっと気になってまいりましたので、申し上げておきたいことがありますの」
　と真剣な眼差しでセメレを見つめて口を開きました。
「実はこのところ、神様の名を騙る不届きな人間が増えているのをご存知でいらっしゃいますか？」
「いいえ」と首を振るセメレ。
「もし、もしですが、その方がただの人間でしたら……ゼウスさまに失礼にあたるのではありませんか？」
「……」
「何か証拠をご覧になりましたか？」
「証拠って？」というようなやり取りがありまして、
「では次にその方がおいでになったら、ぜひおねだりなさいましな」となります。
　ヘラはどうすれば良いかのハウツーを教えました。

　そんなことなどまったく気づいていないゼウスが訪れたある夜、セメレはおねだりがあると囁きました。
「何、おねだり。どんなことだ？　セメレの願いならどんなことでも聞いてやろう」というゼウスに
「ステュクス河にかけて誓ってくださいますか？」
「ステュクス河にかけてか？　いいだろう、ステュクス河にかけて誓おう」
　……この誓い、ヘリオスとパエトンの時（67頁参照）と同様、ロクなことにはならないはずで、ヘラのお仕置というわけでした。
「ゼウスさまの本当のお姿を見せてくださいませ」

「しかしそれは危険だよ」
「でもぉ」
「よし、いいだろう。ただ本当の姿は光り輝いているし、私は稲妻なのだから気をつけるのだよ」
……このやりとりを隠れて聞いていたヘラはニンマリと立ち去って行きます。
ゼウスが轟音と閃光の中で本来の姿に戻った時、あろうことかセメレは落雷の炎で焼死してしまったのです。いくら気をつけるように言われても、稲妻の隣じゃ気をつけようはないですね。
悔やむゼウスでしたが、ステュクス河を持ち出されたのですからどうしようもありません。
せめてお腹の子は助けたいと、神の便利屋ヘルメスに赤子を取りださせると、自分の腿の中に埋め込んで臨月まで育てたのです。
無事に生まれた子供は「ディオニュソス」（若きゼウス）と名付けられ、セメレの妹イノに預けられます。

▼ゼウスの腿で育った男の子「ディオニュソス」は変わり者

すくすくと育つディオニュソスが気に障るヘラは、イノと夫のアタマスに狂気を与えてディオニュソスを崖から投げ落とさせたりして執拗なイジワルを。
ディオニュソスはヘラの怒りから逃れるため、なぜかぶどう栽培とワイン製法を身につけてギリシア、エジプト、シリアなどを放浪しながら、自らの神性を認めさせるための布教活動を行ない、熱心な信者を獲得することで神性を認めさせたということです。その宗教的権威はインドにまで至ったとされています。ワインと縁が深いためでしょうか、ディオニュソスはブドウの葉や実を持って描かれることが多いようです。そして子供の姿でも。

▼ギリシア神話になぜインド的要素が？

ギリシアとインド……。紀元前６世紀末ころからギリシア人はインドに到達していたようで、少なからぬギリシア人がインドに居住していたことが確認されています。紀元前327年アレクサンドロス大王がインドに侵入した時、インド西北部を統治していた3人の有力者のひとりはさっさと降伏してしまいましたが、残る2人が手を組んでマケドニア軍に抗戦。そのひとりがポロスというインドの伝説的英雄ですが結局は敗退というわけで、アレクサンドロス以降にインド北西部にギリシア人勢力が台頭して、「インド・グリーク朝」が築かれます。

そうしてギリシアとインドの文化は互いに影響を与えあったというわけで、長い間語り継がれたギリシア神話にインド的要素も含まれているのも不思議ではないのです。

ディオニュソスは母に会いたいと、冥界への入り口があるという底なしの湖に飛び込んで、無事にセメレを取り戻して来たことで「ゼウスの子」と賞賛され、オリンポスで暮らすことになったとされます。ローマ神話で「バッコス」と呼ばれる酒と豊穣の神です。こちらの名前のほうが、なじみがあるかもしれません。

「子供のバッカス」　ヤーコブ・ヨルダーンス　ヴィラヌフ宮殿

▼イルカのルーツは海賊だった！

ディオニュソスは、自身の神聖を証明するための放浪の途中、高貴な貴公子と勘違いされ、海賊に囚われたことがあります。
「さっさとマストにでも縛り付けておけ！」
船長の命令で縛り付けようとする海賊達。ところがどう頑張っても縄は緩んで縛ることができません。「もしや、高貴といっても……」と、ヘカトルだけは助けようとしたのですが、アッという間に海賊船には葡萄酒が満ち溢れ、葡萄のツタが絡みつき、たわわなフサが実ったのです。なんだかワイナリーの工場見学みたいですけど、獅子に姿を変えたディオニュソスは、熊まで呼び出しています。
驚いた海賊たちは次々と海に飛び込みます。彼らはディオニュソスによってイルカに姿を変えられたということです。
助けようとしたヘカトル君は無事だったため、その後はディオニュソスの熱心な信者になったとされます、そりゃそうでしょうね。

▼ディオニュソス的とアポロン的

ディオニュソスと父を同じくするアポロンを対比させるという斬新な概念を持ち込んだのが、19世紀半ばにプロイセンで生まれた哲学者・古典文献学者のフリードリヒ・ニーチェ。ソクラテス以前のギリシア哲学などから西洋文明を解釈し直した人物とされます。

「Drinking Baccus」1623年頃
グレイド・レーニ
アルテ・マイスター絵画館

その著書『悲劇の誕生』の中で、芸術創造の類型として、ディオニュソスは芸術の激情的、本能的な創作衝動を体現するものとされ、対照的にアポロンは知的で静的・調和のとれた造形を目指すというもの。この二つが融合して「ギリシア悲劇」が誕生したというのです。
アポロンが「完璧」を目指すとすれば、ディオニュソスは「破壊と創造を繰り返す」ことでより高みを目指すということかもしれません。ものすごく簡単に言うと、芸術は「夢」と「陶酔」とでもいうべき二つの要素が、対立しせめぎ合うことで展開するとし、アポロン的要素とディオニュソス的要素の融合がギリシア悲劇を生んだと考えました。ギリシア悲劇は「生」、「苦悩」、「世界」を肯定したものとニーチェは考えたのです。

これは当時（19 世紀後半）のニーチェの現代文化批判でもありました。（当時の）現代文化は「ソクラテス主義」の影響下にあり、「生」の力を弱めていると批判し、悲劇を再生させ「生」そのものを肯定する「より良い文化」を提唱したニーチェの文化論。が、 この著作のおかげで、24 歳で教授に抜擢されていたニーチェへの評価は大暴落してしまいました。後年ニーチェはこの著作をかなり否定的に捉えていたようです。

でも、28 歳で「ギリシア神話」の登場人物からこうした対比を思いつき、文化論にまで発展させたニーチェの思考はどうなっているのでしょうね。従来の倫理を疑い、より良く生きるための新しい倫理を模索し続けたニーチェ。より良く生きる意味を肯定する価値解釈を探す……もしかしたら今もっとも必要なことなのかもしれません。

『悲劇の誕生』（天野衛著／訳）はネットで閲覧可ですから、ぜひご参照ください。p.booklog.jp/book/35708/page/628065

▼ギリシア神話案内は新たなステージへ

さて、神のテリトリーに中東やアジアの国名が出てくることからわかるように、地域に広がりがもたらされると同時に、世の中の住民も「神」、自然と関わる「妖精」、そして「人間」という種族に加えて、いまでいう「ハーフ」という存在、半神半人とでもいうのでしょうか、「特別な人間」が登場してきます。神話で英雄とされるのは神と人間の間に生まれた子供達です。

Ⅲ

神々と人間の交わり

左からエキドナ、ヒュドラの尾（中央上）、メデューサ（中央下）、スフィンクス（右）

1　神々の戦争「ギガントマキア」の後に

▼ゼウスを痛い目に遭わせたギガントマキア

さて、これまでのゼウスの増長ぶりをじっと見つめていたのは、大地の女神ガイアでした。

「あの傲慢さではきっとひどい目に遭うことでしょう」

……ガイアの予見した通り、全能の神を気取るゼウスに反旗を翻したのがギガンテスです。大地に染みたウラノスの血から生まれた巨人の種族。ゼウスがクロノスを倒した「ティタノマキア」(27、37頁)でゼウスに加勢した一族です。ゼウスが勝利した後、味方した者は共存していましたが、どうもゼウスの傲慢ぶりが気に入りません。ついに、ゼウスの支配を終わらせようと、オリンポスに戦いを挑んだのです。

「ギガントマキア」と呼ばれるこの戦いは、凄まじく巨大で、山脈や島々さえ引き裂いて投げ飛ばしてしまう怪力を持ち、神には殺されないというギガントスとのオリンポス神の果てしない戦いです、いつまでたっても決着のつこうはずなどありません。

神々は悩みます。

「どうすれば良いのか？」

神々の結論は、「神ならぬ者の力を借りること」でした。

「我々より劣る人間の力を借りるのか？」ゼウスはご立腹でしたが、「頼むとしたらこの男しかいない」と指名されたのが「ヘラクレス」。ギリシア神話に登場する半神半人の中でも最強とされる人物です。

▼半神半人ヘラクレス

じつはこのヘラクレス、ゼウスとペルセウスの孫アルクメネとの子でもあるのです。何にでも変身するゼウスが夫に化けて……、という逸話は後述の通り(143頁)。幼い時には「アルカイオス」という名前でした。

生まれる前からヘラに憎まれていた子です。無事に育ったのはアテナの助力があってのことでした。

恩人アテナもヘラクレスに加勢を頼みます。その頼みをヘラクレスが断れるはずはありません。

「やってみましょう」。ヘラクレスが加わったことで、五分五分だった戦いはオリンポス側が優勢に。大岩や山脈、島を投げ飛ばして攻撃するギガントスとの戦闘で、天地は鳴動し、宇宙さえ震えたというほどの凄まじさも次第におさまり、ギガントスは敗北しました。オリンポス側の大勝利に終わったのです。しかし、ゼウスだけは、息子とはいえ半分人間の力を借りたことに忸怩たる思いを抱いていました。

▼都市国家「アテナイ」の守護神

ともあれオリンポスの大勝利で、人間は自分たちにない能力を持つ神への怖れと信頼から「自分たちの土地の守り神」として神を讃える神殿を町の中心に建てるようになり、町のシンボルとなった神殿の周囲には、広場、劇場、市場などができ、人々が集まる交流や取引の場として繁栄するようになったのです。

大神であるゼウスの神殿は、ギリシアをはじめ地中海地方の各所にあります。予言で知られるアポロン神殿で有名なのはデルフォイ。そのアポロン神殿で巫女を務めていたのは、アポロンに寵愛されたシュピレでした。砂粒の数だけ寿命を貰ったあの女性です（58頁）。

立派な神殿を建て、賑やかな街を目にすると、自分たちの街にも神殿を建てようとアッティカ地方の住民が言いだしました。まだ守護神のいなかったこの街に、「私ではいかがかしら？」とアテナ、続いて「繁栄をもたらすのは、私だ」とポセイドンが名乗りをあげました。

住民達は困惑します、どちらかを断れば祟られそうですものね。

そこでこの町の王であるケクロプス（アッティカの地から生まれた下半身が蛇の賢者）が提案したのは、「ご立派な神々に関心をお持ちいただいたことは大変に光栄なことでございます。どちらかお一方を選ぶなどいうことは、私どもに過ぎたことでございます。誠に恐縮なことではございますが、お二方が私にお与えくださるもので、どちらが街の発展に役立つものかを決めさせていただきたいと存じます。いかがでしょうか？」と提案。

「そうか、ではこの地に塩の泉を湧き出させるのはどうかな？　塩は人間にとって大切なもの、交易品としても役立つであろう、どうだ？」とポセイドン。

対するアテナは「塩なら近くの海からいくらでも手に入るではありませんか。私は痩せた土地でもしっかりと根付き良質の油が採れるオリーブの樹を贈ろうと思うのですが、どうでしょう？　オリーブのほうがこの町を豊かにしてくれるのではないですか」

議論の末に人々が選んだのはオリーブでした。

守護神となったアテナにちなんで町名も「アテナイ」となり、町の中央の丘の上にアテナ神殿が建てられたというわけです。

古事記にも天照（アマテラス）と素戔嗚（スサノオ）尊が権威を争うという似たような逸話があったような……。

▼処女神「アテナ」の子供「エリクトニオス」

守護神となったことで腕を磨かなくてはと目覚めたアテナは、武器の手入れに余念がなく、ヘパイストスを重用していました。なにしろ腕はピカイチなので。

「いつもありがとう、頼りにしているわよ」というアテナの好意をどう勘違いしたのでしょうか、ある日「アテナさま、ずっとお慕いしていました。どうかお情けを……」とヘパイストスが迫ったのです（彼はアフロディテとの離婚を経験していました）。

「とんでもないわ。私は処女神よ。そういうことには一切関わりたくないの！」

そう言われても興奮したヘパイストスは引き下がりません。

「アテナさまぁ、お願いです」

「どきなさい」ともみ合ううちに、ヘパイストスの精液がアテナの足に……。

逃げ出したアテナは羊皮で拭き取り、地面に投げ捨てました。するとその場がムクムクと盛り上がって子供が生まれたのです。

アテナイの初代の王
ケクロプス

「えぇ〜、私の子供？」

大地から生まれた証拠とされる下半身が蛇の「エリクトニオス」です。

思ってもいなかった子供の誕生でしたが、育てると決めたアテナはエリクトニオスを籠に入れて市長のケクロプスを訪ねます（彼も下半身が蛇ですから、同族ってことかな）。

あいにくケクロプスは留守でしたので、アグラウロス、ヘルセー、パンドロソスという３人の娘達に「この籠を預かって欲しいのだけれど……。決して開けてはなりませんよ。私はまたお父上に会いに参りますからね」と厳しく言い置いたのでした。

女・籠・開けてはいけない……の組み合わせはよろしくないようでして、アグラウロスという娘が「いいじゃないチョッとくらい、バレなきゃ平気よ」と、神さまとの約束だと押しとどめる姉妹に耳を貸さず、開けちゃったんです。

「なにぃ〜、この子」という叫び声はアテナの耳にも届きました。いきさつを聞いたケクロプスは、赤ん坊とアグラウロスを連れてアテナの前に。恐縮しきって詫びるケクロプスは、責任を持って大切にお育てしますと言いますが、アテナは「まったくぅ、女ってどうしてこうなのよ！」とアグラウロスを許せません。

「申し出はありがたいけれど、あなたがたが建ててくれたこの神殿で私が育てます」と子供を引き取りました。

賢者のケクロプスを養育係に、スクスク育ったエリクトニオスは、のちにアテナイの王となります。そうそうこの子は父へパイストスの工房で、手ほどきを受けながら修業して、馬で引く戦車を発明したとされています。

▼嫉妬を植え付けられた「アグラウロス」は石にさせられて

息子はハッピーエンドでしたが、アテナにとって許せないのは籠を開けたアグラウロスです。

「私の言葉を無視したのですもの、何か制裁を与えなければならないわ。少し懲らしめないと……」

そんなアテナの怒りを増長させてしまったのが、アグラウロスのアレスとの不倫。そもそもアテナはアレスが大嫌いでした。同じ「戦い」の神ではありますが、平和のための理知的な戦士アテナには、血生臭く残忍なアレスの争いとは違うというプライドがあります。そこで、この世で一番おぞましい感情とされる「嫉妬」をアグラウロスに植え付けたのです。

アグラウロスは、妹のヘルセがヘルメスの想い人と気づくと、「あらやだ、ヘルメスさまのほうがアレスより素敵じゃない。それにヘルセより私のほうが美人だというのに、なぜ？」と嫉妬のダブルデッカー。ある時ヘルメスを呼び止めて、ヘルセの悪口ばかりを耳に入れ、その上自分のほうが貴方にふさわしいと猛アタックをかけたのです。

お調子者とはいえヘルメスだって神様、アグラウロスの嘘などはすぐに見抜いてしまいました。

「神に対して嘘をつくなどとんでもない。二度と嘘がつけないようにお前を石にしてやる！」

神の言いつけに背いたばかりに、石となってしまったアグラウロスは二度と口をきくことはありませんでした。しかもその石はうす汚ない嫉妬心をあらわすかのように真っ黒だったと伝えられています。

「七つの大罪と四終」 ヒエロニムス・ボッシュ
1505 年と 1510 年の間

そういえば後世のキリスト教でも７つの大罪というのがありまして、「嫉妬」が入っています。７つの大罪とは、忿怒、傲慢、淫欲、怠惰、暴食、貪欲、嫉妬という人間が抱きがちな感情です。人間がこれらを犯さないか神はいつでも見ておられる、という有名なヒエロニムス・ボッシュの絵画はプラド美術館にあります。そして2008

年３月にローマ教皇庁が発表した新たな７つの大罪は、遺伝子改造、人体実験、環境汚染、社会的不公正、貧困、過度の裕福さ、麻薬中毒というものでした。

そういえば、インド独立の父マハトマ・カンディーは、1925年10月に７つの社会的罪（Seven Social Sins）を指摘しています。理念なき政治、労働なき富、良心なき快楽、人格なき学識、道徳なき商業、人間性なき科学、献身なき信仰……100年近く前の洞察ですが鋭いですねぇ。

どう考えても人類は、これらの大罪に抵触というか無視して存在しているようにしか思えません。地獄への道をまっしぐらということになるのかもしれませんね。

▼髪が蛇の「メデューサ」は見るものを石にしてしまう

複雑化した現在に比べて、どこかのどかな神々のギリシアに戻りましょう。

ガイアとポントスの子ケトとポルキュスの間に生まれた「ステンノ」、「エウリュアレ」、「メデューサ」という三姉妹。艶やかな髪が自慢の末娘メデューサは、ポセイドンの恋人でしたから、アテナに市の守護神の座を奪われたことが面白くありません。

「ねぇねぇ、ポセイドン、もしかしたらこの神殿は貴方のものだったかもしれないのよね？　チョッとここで休憩しましょうよ」と神殿にふさわしからぬ行為に及んだばかりか、「綺麗でしょう？　私の髪。アテナなんか髪を短くしちゃっていつだって兜をかぶっているじゃない？　きっと私のように綺麗な髪をしてないのよね」

すべてアテナには筒抜けだというのに、「神をけなしてはいけないよ」とポセイドンがたしなめても「平気よ、いくらでも言うわよ。できるものなら、みんなの前で髪の比べっこでもしたいくらい。アテナが恥をかくだけだわ」

「みんなの前で恥をかかせるですって！　なんて生意気な！」

数日後メデューサの前に現れたアテナ、「その髪で私に恥をかかせるってどういうこと？　できるものならやってごらんなさい」

「えっ、髪？」メデューサが髪をみると、自慢の髪はすべて蛇に変わってし

「メデューサの頭部」 レオナルド・ダ・ヴィンチ（異説あり）ウフィツィ美術館 1600 年

「メデューサ」
ミケランジェロ・メリージ・ダ・カラヴァッジオ
ウフィツィ美術館
1595 年と 1596 年の間

「メデューサ」
アルノルト・ベックリン
ゲルマン国立博物館
1878 年

まっているではありませんか。耳元からシューシューという蛇達の息遣いが聞こえてくるほどです。

「な、なに、これ！」驚き慌てるメデューサに、アテナはさらなる追い打ちを。

「その髪にふさわしい顔にしてあげるわ。貴方の顔を見たものが、恐怖のあまり石になってしまうほどの顔をね」

　アテナはメデューサに背を向けて去って行きました。もし見ていたら、アテナも石になってしまうというほど強力な呪いだったのです。

「一体どんな顔に？」しばらくして顔をあげたメデューサの前にいたのは数匹の兎。目があった瞬間に兎は石に……。

「私の顔を見たものは石になる……ということはポセイドンも！　もう誰にも会えない。どこか誰もいないところにいかなくては」

　西の端に走り続けたメデューサがたどり着いた洞窟には、姉のステンノ、エウリュアレが住んでいました。幸い？なことに姉二人は、生まれた時から髪の毛が蛇ですから驚きはしません。「私たちは石にはならないわよ」と悲嘆にくれるメデューサを招き入れ、三姉妹で暮らすことにしたのです。

「私達が平気だったのだから、ポセイドンさまもきっと大丈夫よ。思い切って会いに行ってみたらどうなの？」と勧める姉達でしたが、メデューサはこんな姿を見せたくないと二度と会うことはありませんでした（メデューサには後でペルセウスのところ（136 頁）で登場してもらいますね）。

▼お仕置き用に生み出された怪物「テュポン」

「テュポン」
BC540年ごろの黒絵式の壺ヒュドリア
ミュンヘン州立古代美術博物館

半神半人ヘラクレス（ゼウスと人間の女性アルクメネの子、ゼウスにとって曽孫でもある）の力を借りてギガントマキアに勝利したゼウスの傍若無人ぶりは、改まることのないままでした。

すべてを生み出した大地への畏敬の念を忘れ去っているゼウスに反省を促そうと「ガイア」は、カオス、エロスと共に生まれた原初の神「奈落」そのものの「タルタロス」と交わって「テュポン」という巨大な怪物を生みます。

ゼウスへの怒りから生み出されているため、恐ろしい怪物でした。その力はゼウスに拮抗するほどとされていますから、ギリシア神話の中で最強の怪物ということになります。

おまけに不死の怪女とでも表現すべき「エキドナ」を妻としたのですから、恐ろしいことこの上ナシ。

二人の間には「オルトロス」（双頭の犬でゲーリュオンの牛の番犬）、「ケルベロス」（ハデスが支配する冥界の番犬）、「ヒュドラ」（巨大な胴に9の首を持つ大蛇、我が八岐大蛇より多いわ！）、「キマイラ」（ライオンの頭とヤギの胴体、毒蛇の尻尾を持ち、口から火を吐くという怪物）という多くの怪物が生まれているのです。

さらにエキドナはオルトロスとの間に、ネメアのライオン、ラドン、プロメテウスの肝臓を啄ばみ続けるワシ、スフィンクス、パイア、金の羊毛を持つ羊を守る竜と、とんだ怪物を生み続けたのです。

なおエキドナは、グライアイ、ゴルゴン三姉妹の妹とでもいいましょうか、ガイアがポントスの間にもうけたケトとポルキュスの娘です。

▼テュポンとの戦いでゼウス危うし

ガイアはテュポンに命じてオリンポスを攻撃させました。向かってくるテュポンに気づいた神々は恐れをなし、動物に姿を変えてエジプトに避難してしまったとされます。

アポロンはカラスに、ディオニュソスは牡山羊、アルテミスは猫、ヘラは白い牝牛、ヘルメスは朱鷺に変身したというのはオウィディウスの『変身物語』から。

大神であるゼウスは雄羊に変身したようですが、さすがに逃げ出すわけには行きません。稲妻を投じ、金剛の鎌を振り回して怪物と闘います。オリンポスは揺れ、ゼウスの稲妻とテュポンの火による火災で大地は炎上、海は煮えたぎったとされています。CO_2の増加もすごかったことでしょうね。

激闘の末、どうにかテュポンをシリアのカシオス山に追い詰めたゼウスでしたが、ここでテュポンの反撃に遭い、稲妻も鎌も取り上げられてしまったのです。たじろぐゼウスにテュポンは鎌を振り上げ、手足の腱を切り取ってしまいました。動けなくなったゼウスはデルフォイ近くのコーリュキオンの洞窟に閉じ込められ、テュポンはゼウスの腱を熊の皮に包んで隠してしまいました。そして洞窟の見張りを、上半身は美女で下半身は蛇というデルピュネーに託して、ガイアのもとに向かったのです。

▼「牧羊神」パーンは「パニック」の語源

「ゼウスが捕らわれた！」と知ったヘルメスが、パーンを連れて救出に向かいました。冥界の神ハデスから被ると姿の見えなくなる兜を借りて、洞窟の番をしているデルピュネーの目を盗んで腱を取り戻し、ゼウスの解放に成功したのです。

パーンは羊飼いと羊の群れを監視する神で「牧羊神」とも言われます。ヤギのような下半身、上半身は人間ですが頭には角があるというのですから、ケクロプスと同様に「獣神」とされます。父親はゼウスともヘルメスとも言われますが、一緒にゼウス救出に向かったヘルメスが父親だったのでしょう。母親はニンフの誰かです。誰が父であったとしても「女好き」ですから、多くのニンフを追いかけた逸話もあります。パーンがアルテミスの侍女シュリンクスに言いよった時に拒絶した彼女でしたが、川辺でパーンに触れられた瞬間に葦になってしまいました（どうも男性を拒絶すると植物になってしまうようですね）。

パーンのトレードマークは笛。風が葦をとおりぬける時、哀しげな旋律を奏でたため、パーンは数本の葦で笛を作り演奏をするようになったと言われます。後日この笛でアポロンと演奏の腕を競うことになったパーン、審査員の中でミダス王だけがパーンに軍配を上げたことでアポロンの怒りに触れ、「今後はこうした下劣な耳に煩わされないように」とミダス王の耳をロバの耳にしてしまいました（この話の続きは後ほど、196頁）。

また家畜の群れが何もないのに騒ぎ始めたり、逃げ出そうとするような唐突な行動は古代ギリシア人にとっては「パーンに関わるもの」（パニック）としか考えられなかったので、このことから人間や動物を突然襲う恐怖状態が「パニック」になったというわけです。

▼不死身のテュポン

そして戦闘再開、苦闘の末深手を負い追い詰められたテュポンは、山脈を持ち上げて投げつけようとしたりして抵抗しますが、逆にゼウスの稲妻で持ち上げていた山脈が崩されて下敷きに。押しつぶされ血まみれになりながらも戦い続けますが、シケリア島でついにエトナ山の下敷きにされてしまいます。この戦いで相当地形が変わってしまったのではないでしょうか。

でもテュポンも不死身です。山の重圧から逃れようともがいて暴れると、エトナ山は噴火して地震を起こすということです。しつこいようですが、不死身のテュポンですから、現在もこれからも……？

という次第でなんとか勝利をおさめたゼウスは、ヘルメスの助けがなければ敗北していたことを痛感していました。「大神という支配者の立場にいるあまり、傲慢になりすぎていたようだ。これからは謙虚になることを忘れないでいよう」。かなりキツイお灸でしたが、ガイアの願いは通じたようでした。

▼怪物たち

テュポンは英語でTyphon、台風の英語はTyphoon、関係がありそうですね。

そうそうテュポンは半身蛇のエキドナの最初の夫です。二人の間にはどう想像していいかわからないような「怪物」が生まれています。

前述の「ケルベロス」——冥界の番犬ヘシオドスは50の首を持ち、青銅の声で吠える恐るべき番犬としていますが、通常は3つの頭をもつ犬とされ、龍の尾と蛇のたてがみを持つ犬で表現されます。

同じく「オルトロス」——黒い双頭の犬でたてがみの一本一本と尻尾が蛇というせっかちなワン公。ゲーリュオンの雄牛を守っていました。

同「ヒュドラ」——巨大な胴体に9つの首をもつ大蛇。恐ろしい猛毒を持っていて、ヒュドラが寝た場所には毒が残ってしまうため、そこを通っただけで生き物は苦しんで死ぬとされました。

さらに、「ラドン」——黄金の林檎を守っていたドラゴン。100の頭を持ち口から炎を吐く、不眠の怪物。

金羊毛羊の番をする龍。

「エトン」——プロメテウスの肝臓をつついていたワシ。

「クリュンヌ」「デルピュネ」——上半身は人間、下半身は蛇というから母親似。

「パイア」——雌の猪、カリデュンの猪の母。

「キマイラ」——ライオンの頭とヤギの胴体、毒蛇の尻尾を持つ。口からは火炎を吐く。

「ケートス」——頭は犬、胴体は鯨のように膨れていて扇型の尾鰭はふたつに割れている。

「スキュラ」——上半身は女性、下半身は魚といえば人魚ですが、スキュラのお腹からは3列に並んだ歯を持つ6匹の犬の前半身が生えている。

という具合です。

テュポンがエトナ山の下敷きになってからエキドナは、息子のオルトロスとの間にネメアの獅子、「タゲス」、「スフィンクス」を産み、ヘラクレスとの間にも後にスキタイ族の祖となる子供を産んでいます（「アガテュルソス」、「ゲローノス」、「スキュテース」）。

2　神と人間の違い

▼人間が死ぬとどうなるのか？

神々は不死ですが、人間には寿命があり「死」と無縁ではありません。ですから人間は「死すべき人々」と呼ばれていたのです。神と人間の決定的な違いは「死」でした。

古代ギリシアの世界観では、この世は平らと考えていたらしく、世界の周りを取り囲むのは海（オケアノス、Oceanの語源）で、その果てに冥界（地下の死者の世界）に通じる道があると考えられていました。

「人間」は遅かれ早かれ、誰もが必ず足を踏み入れる世界です。黒いポプラと柳の森の先に入口があり、門番というか監視というかケルベロスという番犬がデンと構えています。死者が通るときにはおとなしくしているのですが、もし生きた人間が入ろうとすると凄まじい勢いで襲いかかって引き裂いてしまうのです（いずれにしても冥界に行くことに……）。

ケルベロスの門を過ぎるとステュクス河が流れています。神ですらこの河にかけて誓ったら、何が何でも守らなければならないというあの河です。渡し舟の船頭はカロン、日本の地獄と同じで渡し賃を払わなければなりません。持ち合わせがないと向こう岸に渡してもらえず、河岸でさまよい続けなければならないのです。渡し賃は1オボロス。死者の口の中に入れる習慣でした。

無事に渡ると、待っているのは裁判。生前の行ないを調べられて、行き先を決められるというのは日本の地獄と同様です。ここでは閻魔さまではなくて、ハデスさまとアイアコス、ミノス、ラダマンテュスという3人の補佐によって裁かれます。

有罪になると地の底タルタロスに送られて、永遠に苦しみ続けなければなりません。無罪ならエリュシオンの爽やかな園で安らかな死後を送ることになります。エリュシオン（Elysion）は西の果てにある楽園、日本でも西方浄土というから死後の楽園は西にあるらしい。エリュシオンはフランス語だとÉlysées、パリの大通りChamps-Élyséesはエリュシオンの野というわけで、フランス大統領官邸（Palais de l'Élysée）は、エリュシオンの宮殿……その住み心地はいかがなものでしょうか？　つまり天国と地獄ということ、これって世界共通の考え方のようですから、もしかしたら本当なのかも？

タルタロス探検も興味ありますけど、永遠にというのはちょっと遠慮したいですね。生きている間に悪いことさえしなければ、死を恐れる必要はなく死後も安心して暮らせるというわけです。ですから死ぬのが恐ろしくない生き方をしたいものです。

天国行きか地獄行きかで印象に残っている漫画があります。長谷川町子さんの「サザエさん」はほとんどの方がご存知でしょう。彼女の作品「いじわるばあさん」はいかがですか？

その名の通り思わず苦笑するようなイタズラをして歩いている「オバアサン」。子供や大人はもちろん息子にだって容赦はしません。そんな「オバアサン」も地獄行きはお嫌だったのか、お金を寄付して「善根を積んだ、これで天国へ行ける」とルンルン気分になります。

雲の上からこれを見下ろしていた神様たちが、「あんなもので来られても困る」と「追い返しましょう」と話し合うもの。神さまさえも手こずらせるのか、と忘れられない４コマです。

▼冥界も神々の世界、「ヘカテ」は別格

冥界も神の世界ですから、たくさんの神さまがおいでなのですが皆さま「死」と深い関わりをお持ちです。当然といえば当然ですが。

夜の女神ニュクスの息子、「タナトス」（死）と「ヒュプノス」（眠り）。三姉妹の復讐の女神、血をすするのが大好きという「ケール」は、汚染・腐敗に加え、あらゆる病気をもたらすという不幸の源泉とされます。大した怪我でもないのに、ケールに血を吸われて死んでしまうということがあるのです。現在なら感染症とされてしまうかもしれませんが、此奴の仕業なのですよ。

冥界では「ヘカテ」という女神は別格の存在。海、地上、オリンポスにお

ギュスターブ・モロー「ユピテルとセメレ」に描かれたヘカテ 1894-1895　ギュスターヴ・モロー美術館

いても活動できる自由をゼウスから与えられていて、魔術、豊穣、清めと贖罪、出産を司っています。

あらゆる分野での成功を人間に与えてくれる女神様なので、神々に祈る際にはまずヘカテに祈ることでご利益が増すという人気の女神さまです。地上に姿を現わすときは四辻や犯罪現場にお墓だそうですから、なんだか成功とは縁遠いような気になりますね。冥界ではハデス夫妻に次ぐ高い地位にあるという、興味深い女神様です。

▼冥界の支配者「ハデス」は「コレ」に一目惚れ

冥界の支配者「ハデス」はゼウスの兄ですが、女性にマメなゼウスと違って「女っ気」はほとんどありません。なにしろ周りの「女性」は魔女といってもいいくらいの怖～い女神さまか死者なのですから、食指が動かないのも当然といえば当然かもしれません。

ハデスはオリンポスに行くこともできるのですが、冥界とは正反対の明るく活気に満ちた世界はどうしても居心地の悪さを感じてしまうらしく、華やかな世界は苦手だったようです。住めば都ってことですね。

冥界の入り口から微かに入ってくる明りや楽しそうに語り合う女性たちの声が聞こえてきました。「コレ、何をしているの？」というのは聞き覚えのあるアテナの声。

「アテナさま、お花を探していますの」。澄んだ爽やかな声の主は「コレ」というデメテルの娘でした。ウブというか不器用なハデスのこと、姿も見ないうち声の主の虜になってしまいました。人間なら「寝ては夢、覚めてはうつつの」で、「お医者さまでも草津の湯でも」という状態、さしずめ落語の「崇徳院」に登場する若旦那の風情といったところ。たまりかねたハデスはオリンポスを訪れて、ゼウスに相談します。

「久しぶりだな、ハデス。お前がやって来るとは珍しいではないか。どうだ、そっちの様子は？」
「忙しいですよ。なにしろ人が亡くならない日はありませんので。ただ今日はご相談したいことがありまして、こちらに参った次第です」
「何？　女だって？　そういえばお前はまだ独り者だったな。冥界の王に妃がいないというのはなんとも不都合な話だ。で、誰なのだ？
　ん？　コレだって？　このところ綺麗になったからな（実はコレ、ゼウスと姉のデメテルとの娘です）。娘が冥界の王妃になるというのも悪い話ではないな。よかろう、連れていくとよい」とゼウスは二つ返事で了解。
「ありがとうございます。では、デメテルさまにお願いに行ってまいります」というハデスに「なに、固いことを。私が良いと言っているのだから気にすることはない。力づくでも良いから連れて行け。よいか、女の“嫌よ嫌よ”は良いのうちといってな、抵抗されても気にするな！　ともかくメデタイ」とかなりアナクロ（数千年前だから、仕方がないのかしら）。
「女に詳しいゼウスの言うことだから間違いはないのだろう」
　ハデスは花を摘んでいたコレを冥界に連れ去ってしまいました。

「ペルセポネの略奪」レンブラント・ファン・レイン　1631年頃　絵画館（ベルリン）所蔵

▼娘「コレ」を探し回る豊穣の女神「デメテル」

コレはゼウスがデメテルに怪(け)しからぬ行為に及んで無理矢理孕ませた子供です。ですからデメテルはゼウスを嫌ってはいましたが、娘はとても可愛がり大切に育てていたのです。

「いつもならもう帰ってくる時間なのに、遅いわね」

たまりかねたデメテルが探し回ってもコレの姿は見当たりません。「行方不明？　そんなバカな。あの子が男なんて近づけるはずはないし……」

どこをどう探しても見つからないコレ、「もしかして誘拐？」ゼウスに連れ去られたとしたら「神隠し」ですが、「まさかね。好色な弟のゼウスだって、私があの子に男を近づけないのは承知のはず」

心配のあまりデメテルは犯罪に詳しいヘカテに尋ねます。

「コレになにがあったのかご存知でしょう。教えて」

「ハデスが冥界に連れ去ったよ」

「ええ～！　冥界？　ハデスの仕業ですって、そんな馬鹿な！」弟ハデスの性格をよく知っているデメテルには信じられないことでした。

「まさか冥界まで行くわけにはいかないし……」考え込むデメテルに「どうかしたの？」声をかけたのは太陽の馬車で西に向かうヘリオス。地上の出来事はお見通しのはず。

「コレは本当に冥界に連れていかれたの？」

「そうだよ、ハデスが連れていった」

「なぜ？」

「ゼウスが許可したんだよ。ハデスの妃になることをね」

「＼＼\٩（๑`^´๑）۶//／／」

言葉を失ったデメテルの胸に、フツフツと湧き上がった怒り。

「いくらなんでも手前勝手すぎるわよ、ゼウス。貴方が支配する世界なんてどうなっても構うものですか！　私の知ったことではないわヨ」と職務放棄。放浪の旅に出てしまいます。

豊穣をつかさどるデメテルは、穀物の栽培を人間に教えた女神とされます。その女神がいなくなってしまったのですからさぁー大変、作物は枯れ田畑は干上がってしまいました。

世界中を飢饉が襲い、人々は飢えに苦しんでいます。『古事記』で天照大神が洞窟に隠れて世の中が真っ暗になった「天の岩屋戸」と似たようなことが起きていたということになります。女神様はちょっと自分勝手みたい。

▼ポセイドンと馬

そんな事情はお構いナシで、デメテルは娘を探す旅の途中でポセイドンに迫られたことがありまして、このいきさつにかかわる逸話があります。ポセイドンを避けたいデメテルが牝馬に姿を変えて馬の群れにまぎれ混んだにもかかわらず、ポセイドンに見つけられ、牡馬に姿を変えたポセイドンとデスポイナという娘（なんでもこの名前は口にすべからずというコワーイ女神様です、ですから「読む」だけにしておいてね）と名馬アレイオーンを産んだというものと、しつこく迫るポセイドンに「私に地上でもっとも美しい生き物を贈ってくだされば」という条件を出したデメテルというお話です。

それまでのポセイドンはイソギンチャクやタコといった海の生物しか作ったことはありませんでしたから、苦労を重ねて作り上げたのが「馬」とされています。制作途中での失敗作が、ラクダ、キリン、カバ、シマウマだとか（「失敗」とはいえ、かなり完成度は高いような……）。馬の出来栄えに満足したポセイドンは、デメテルのことをすっかり忘れてしまったという説と、馬の美しさに感心したデメテルと良好な関係を持った……、という説があるように娘を探す旅を続けるデメテルも、四六時中探し回っていたわけではなさそうです。

己の作品「馬」に感動したポセイドン。シンボルになるならマセラッティよりフェラーリのほうがお好みかもしれません。

▼エレウシス国は凶作とは無縁に

放浪の途中、デメテルは神々から姿を隠すために老婆に変身して人間の社会に紛れこみました。エレウシスという国に足を踏み入れたときのこと、「見たことのない年寄りだな。この国の人間じゃないだろう？」「なんだか汚らしいわね。どこか他所へ行きなさい」と冷たくあしらわれているところに、この国の王女（人間です）が水を汲みにやって来たのです。「見かけない方ね。どうもお疲れのご様子だけど、どうなさったのかしら？」
「王女さま、浮浪者でしょう。どうぞ放っておかれますように」
「そのようなことを言うものではありませんよ。お年寄りは長く生きてこられたお方です、それだけでも敬意を持たなければならないのです。丁重に接するのは人としての道理なのですよ」（高齢者がなんとな～く邪魔者扱いされている我が国に徹底して欲しい心がけです）と周囲をたしなめて、デメテルに声をかけました。
「どなたか存じませんが、旅の途中とお見受けいたしました。とてもお疲れのご様子ですので、どうぞ我が家にお立ち寄りくださいませ」と優しく声をかけました。
　デメテルはこの好意をありがたく受けることにしました。もしかしたら“人間の暮らし”を体験してみたかったのかもしれませんね。
　ともかく長い旅の汚れを落として、身を整えると神に備わった高貴な雰囲気は隠せるものではありませんでした。
「まことに失礼ながら、高貴なご身分の方とお見受けいたします。どうしてあのようなお姿で旅をされることになったのか、お聞かせいただけますか？」と問われたデメテルは、とっさにクレタ島で海賊に襲われて、命からがら逃げ出したと適当な話をデッチ上げました。
「まあ、海賊に。それは災難でしたわね。どうぞごゆっくりここでお寛ぎくださいまし」
「なんて親切な人たちなのでしょう」
　そんな時、デメテルの視線を捉えたのは窓際に置かれた小さな揺り籠。聞けば生まれたばかりのこの国の後継ぎで、ちょうど乳母を探しているところだということでした。
「出会ったばかりのこの私を乳母に？」と驚くデメテルに「人と人との出遭いは神の思し召しと言われているではありませんか？　娘たちも私も貴女が信頼に足るお方だと信じております。それに何よりもこの子（デモポン）が、すぐに貴女に懐（なつ）いたのですよ。無垢な心を騙せる人などおりましょうか」
　心を動かされたデメテルは、「この子を立派な王にお育ていたしましょう」

と申し出に応じます。

なにしろ乳母が女神というのですから、王子はスクスクと成長します。デメテルはこの子を育てるうちに情が移ったせいでしょうか、「この子を不死に（不老はどーする？）にしてあげたい」と夜な夜な赤子を暖炉に入れて「死」を逃れられない人間の肉体を焼き払うことにしたのです。そんなある夜更け、デメテルが王子を神に近づける儀式を行なっている途中で家人に見つかってしまいます。炎に王子を近づけていたのですから、何も知らない家人は驚いて叫びます。

「何をするの！　信じて任せていたのに」

「信じると言ったのなら、なぜそのように驚くのですか？　信じると言ったら最後まで信じるべきなのです。それができないなら、信じるなどと軽々しく口にしてはなりません」

乳母の姿は女神に変わり、豊穣の女神デメテルであることを告げたのです。

「私はこの子を神に近づけようとしていたのです。残念ながら儀式を途中で止めたので、再び同じことはできません。不死にはできなくなりましたが、今後この国が栄え王子デモポンが類まれな王になることを約束しましょう」

エレウシスでは神殿を建ててデメテルを祀り、感謝を忘れなかったためこの国は以後飢餓とは無縁だったということです。

他の国では不作、凶作が続いていたためさすがのゼウスも困り果て、デメテルに直接交渉。豊穣の女神の役目を果たすように命じますが、「それならコレを返してよ！」兄弟喧嘩となると、最後は年上のほうが強いというもの、お姉ちゃんには頭が上がりません。

「ハデスに何て言えばいいか……」ゼウスは悩みます。

▼なぜ四季ができたのか——コレは「ペルセポネ」と改名

拐われたコレはというと、連日「母のところに帰りたい」と泣いてばかりです。ハデスは冥界で自分を支えて欲しいと訴えるのですが、コレは首を振るばかり。ハデスはコレ（乙女）という名を、冥界用にペルセポネと変えるように強要します。

「私の名はコレです」といったスッタモンダのある日、ゼウスのお使いヘルメスがコレを迎えにやって来ました。
「デメテルさまにお返しするように」
ゼウスは根負けしちゃったということです。仕方がありません。ハデスはコレ（ペルセポネ）に「悲しい思いをさせて悪かった。帰る前にひとつだけお願いがあるので、聞いて欲しい。私からのプレゼントだよ」と取り出したのはザクロ。「せめてもの思い出に私が食べさせてあげよう」と数粒をペルセポネの口に。「拐われはしたけれど、ずっと優しかったのだからこれくらいは」と素直に食べたペルセポネでした。

「ペルセポネの帰還」
フレデリック・レイトン
1891年　リーズ美術館

洞窟の前で待っていたデメテルと再会した途端に、世界は蘇りました。作物が芽を出し、実りに満ちた豊穣が戻ってきたのです。
デメテルの心配事はあとひとつだけ。「戻れたのは冥界の食べ物を口にしなかったからよね。何も口にしてないわよね。良かったわ」
戸惑ったコレは、ザクロを４粒口にしたことを話します。さぁ大変。冥界の食べ物を口にしてしまうと、この世には戻ることができないのが決まりです。
そこでゼウスの登場、裁定は１年の12カ月のうちザクロ４粒分の４カ月をハデスの妃として冥界で過ごすというものでした。コレは４カ月をペルセポネとして冥界で暮らすことを受け入れ、時期が来ると冥界へ向かうのです。
デメテルが娘の留守を悲しんでいる間、作物は実らなくなるのです。つまり冬ですね。娘が戻る春にはすべての木々が芽吹き始め、夏や秋には収穫を迎えるというわけです。
四季のめぐりはこうして生じたとされるのです。
そして娘の帰還を喜んだデメテルは、あたたかく接してくれたエレウシスの人々に神殿で行なう特別の儀式を教えたのです。
「エレウシスの秘儀」と言われるこの儀式、ホメロス風賛歌の第２歌の「デメテル賛歌」に記述があるというのですが、「これ（秘儀）は、聴くことも語ることも許されぬ、侵すべからざる神聖な秘儀であり、神々に対する大いなる畏れが声を閉じ込めてしまう」。儀式の内容は決して口外してはならないものでした。

農耕に関係していることかもしれませんが、「密儀にあずかる人々は生命の終わりと永遠について喜ばしい希望を持つようになる」とか「（密儀を見たものは）生命の終わりを知り、またその始まりを知る」、「これらの密儀を見た者だけが冥府で真の生命を得る」といわれていたという儀式、現在も謎のままで、詳細は不明です。でもエレウシスの聖域で、儀式の様子を描いた粘土板が発見されているのですから、そのうち何か出てくるかもしれません。

▼「セイレーン」と「メンテー（ミント）」

ペルセポネに仕えていた「セイレーン」は５人姉妹のニンフでした。コレが誘拐された後、悲しみで泣き暮らしていたところ、どういうわけか「貴女たち変よ。泣いてばかりいて恋愛もしないなんて、ちょっとオカシイんじゃないの」とアフロディテの怒りをかい、怪鳥の姿に変えられてしまったのです。海上航路の岩や島から美しい歌声で航海者を惑わして、船を難破させてしまうという魔女に。

「セイレーン」はオデュッセウスとアルゴナウタイの冒険談に登場します。上半身は人間、下半身は鳥だったはずが、いつの間にか下半身は魚になったのは、羽根と鱗のギリシア語が同じだったからではないかと言われます。ライン川のローレライ伝説もセイレーンです。　セイレーン？　何かに似ていませんか。そう、警報のサイレンもセイレーンが語源になっています。

コレを連れ去る前にハデスは「メンテー」という河のニンフがお気に入りでした。ゼウスの許可まで得て冥界に連れてきたコレとは立場が違うとはいえ、メンテーが気分を害したのは当然でしょう。１年の1/3を冥界で暮らすことになったコレに八つ当たり、嫉妬からキツイ言葉を浴びせかけ、追いだすことまで考えたのです。

ところがこの言葉がデメテルの耳に届き、怒ったデメテルはメンテーを踏み潰してしまいました。そしてメンテーはどこにでもある「ミント」になってしまったというのです。ミント好きの私としては複雑な気分ですが、ペルセポネとして冥界で暮らすことを受け入れたコレは、とりあえずハデスと上手くいっていたということなのでしょう。

3　冥界の「罪と罰」

▼タルタロスに送られた罪人「イクシオン」の息子は「ケンタウロス」

ケンタウロス

ペルセポネが4カ月を過ごす冥界は地下の世界。日本でも「地獄に落ちる」というくらいですから地獄は地下にあるようです。確かに天上は明るく、地下は暗くて湿っぽそうで「闇」。禍々しい雰囲気は死者の世界のイメージにピッタリということでしょう。

その冥界で「永遠の罰」に処されているのはイクシオン。彼は結婚相手ディアの父を罠にかけて、焼死させるという事件を起こしたため「血縁の人間を殺した最初の者」とされます。

神々は許しがたい行為としたのですが、なぜかゼウスがこれを許し、罪を清める食事に招いたというのです。その宴席で、ヘラに横恋慕したイクシオン。度重なるゼウスの浮気に悩まされているヘラなら、誘いに乗るだろうと考えたのでしょう。

タルタロスで罰せられるイクシオン

これを知ったゼウスはヘラの似姿を雲でつくっておいたのです。そうとは知らぬイクシオンは酔った勢いで雲のヘラと交わって「ケンタウロス」という上半身は人間、下半身が馬という子供たちが生まれました。雲だったとはいえ、不倫を嫌う結婚の女神ヘラを犯した罪でゼウスからタルタロスに送られ、火の燃え盛る車輪に縛り付けられたまま永遠に空中を周り続けるという罪に処せられてしまいます。

ゼウスとの食事で神の食物「アムブロシア」を口にしていたイクシオンは、不死になっていますから罰も永遠に続くというわけです。

▼「ダナオス」の娘たち

エジプト王ベロスの双子の息子「ダナオス」と「アイギュプトス」には、それぞれ50人の娘（ダナデイス）と50人の息子がありました。父のベロス王からリビアの地を与えられたダナオスでしたが、アイギュプトスとの権力争いで娘たちを連れてギリシアに逃れ、アルゴスで王となりました。しかし追ってきたアイギュプトスの50人の息子たちが娘たちに結婚を迫ったため、ダナオスはやむなく承諾するのです。しかしそれは見せかけで、結婚初夜にそれぞれの夫を殺すように命じて短剣を渡していました。

ダナオスの娘たち
「水汲みの刑に処されるダナイデス」ジョン・ウィリアム・ウォーターハウス　1903

長女のヒュペルムネストラだけは、夫となったリュンケウスを殺しませんでした。リュンケウスは後に兄弟の敵討ちとしてダナオスと49人の娘たちを殺すのですが、娘たちは結婚初夜に夫を殺すという罪を犯したため、底のない壺で永遠に水を汲み上げ続けるという刑に服しているのです。

▼永遠の「飢え」に苦しむ「タンタロス」

その出自から人間の血の入ったリュデアの王「タンタロス」（タルタロスに似ているのでややこしい）は、ゼウスの親しい友人でしたのから神々の宴席に招かれて、神酒ネクタルや神の食物アムブロシアを食することを許されており「不死」となっていました。

そのせいでしょうか、図に乗ったタンタロスは神々を食事に招いた際に息子ペロプスを殺し、その肉をシチューにしてテーブルに。その料理に気づいた神々は手をつけなかったとされています。その時には行方不明の娘コレのことで頭がいっぱいだったデメテルだけは、左肩の肉を少しだけ口にしてしまいました。のちにペロプスが復活した際には、代わりに象牙の肩を与えたとされます。

これは神を試そうとしたのか、究極の接待なのか、よくわかりません。その後もタンタロスは、神々を試すような嘘や行為を繰り返したのです。

トドメとなったのは、アムブロシアを地上に持ち帰って自慢げに人間に分け与えたことでした。

ついにゼウスの勘忍袋の尾が切れました。タルタロスに送られて永遠の「飢え」に苦しむという罪です。タルタロスの沼の淵の樹に吊るされたタンタロス。沼の水が満ちて顎の高さまで、その水を飲もうとするとサッと引いてしまいます。吊るされている樹の枝には美味しそうな果実が、手を伸ばすと風が吹いて枝を吹き上げてしまうのです。

不死身となったタンタロスは、果てしない渇きと飢えに苛まれているのです。なにしろ刑期は「永遠」なのですから。

このことから、”tantalize”（欲しいものが目の前にあるのに手に入らない）という英語や“supplice de Tantale”（タンタロスの責め）というフランス語が生まれています。

それに原子番号 73（73Ta）タンタルという元素は、タンタロスに因んだもの。さらにタンタルに含まれる 2 種類の元素は、ニオブ（ニオベー）とペロピウム（ペロプス）とタンタロスの子供の名前がつけられています。命名したドイツのハインリヒ・ローゼという化学者さんはギリシア神話通だったのでしょうね。

▼「シシュポス」の罪は

コリントスの基となったエピュラーを建設したという「シシュポス」は、末娘のアイギナがゼウスによってオイノネ島に連れ去られた時、探しに来た父の河神アソポスにアクロコリントス（コリントスの城）に枯れない泉をつくることを交換条件に居場所を教えたことでゼウスに恨まれていました。

ゼウスは死の使いでるあるタナトスを送り、タルタロスに連行するように命じましたが、シシュポスは言葉巧みにタナトスを罠にかけ、監禁してしまったのです。そのため、誰も死ぬことができなくなってしまいました。死者が出ないため、アレスはもちろんハデスも開店休業という状態です。

これには争いの神アレスも困り果て、タナトスを助け出しシシュポスを捕まえました。タルタロスに連行されるシシュポスは、妻のメロペに「絶対に葬式を出してはならんぞ！」ときつく命じました。

冥府に連れてこられたシシュポスは、裁きの場で「実は私の葬儀はまだ行なわれておりません。夫が死んだというのになんという不実な妻でしょう。そんな私を哀れと思しめして、どうか3日間だけ地上に戻していただけませんか？　心がけの悪い妻に仕置きをし、葬儀をすませて参りますので」と訴えたのです。

その場に居たペルセポネが同情したのでしょう（彼女が同席していたということは、季節が冬と拝察されます）、願いは聞き入れられてシシュポスは地上へ。

「まんまと引っかかったな、ちょろいものだ」

3日間の約束などハナから守る気のなかったシシュポスは地上に居座り続けています。

「神をバカにするにもほどがある！　永遠に痛い目にあうがよい」

ヘルメスが力づくでシシュポスを連れ戻しました。ゼウスの逆鱗に触れたシシュポスは、巨大な岩を山頂に押し上げるという罰を課せられたのです。永遠の罰ですから、シシュポスが山頂近くまで押し上げると岩は底まで転がり落ち、その岩を再び押し上げるという行為を永遠に繰り返すというものなのです。

このことから “the stone of Sisyphus”（シシュポスの岩）とか “Sisyphus labor”（無駄な働き、徒労）という表現が生まれています。わが国でいえば賽の河原の石積みでしょうか。

▼肉体がなくなっても「声」だけは残った「エコー」

登山とはいえないまでも、丘陵に上ったりすると思わず「ヤッホー」とか「お～い」とか叫んで反響するコダマに耳を傾けること、ありますよね。漢字では「木霊」や「谺」と表されるコダマには、文字通り妖精の意味があります。「エコー」（英語で echo）は、山のニンフ（妖精）のひとり、楽しいおしゃべりでゼウスにも気に入られていました。

ゼウスがニンフたちに囲まれて談笑していたある日のこと、ニンフの中にはもちろんゼウスの浮気相手が……。そこに気配を察したのでしょうか、突然ヘラが姿を現したのです。

エコーはゼウスとニンフたちが逃げる時間を稼ごうと、ヘラを引き止めていつまでもお喋りを続けました。どーでもいいような長話にヘラの怒りは激しくなるばかり。

「うるさいおしゃべり娘ね。私を誤魔化そうとしても、そうはいかないわよ。余計なことを！　その口に思い知らせてやるわ」

するとエコーは自分から話しかけることができなくなってしまったのです。言葉になるのは、相手が話した言葉の最後の部分だけ。

「どうしたの、エコー。大丈夫？」とニンフたちに尋ねられて、答えるのは「大丈夫」。

「心配したのよ」と言われれば、「したのよ」としか話せないのです。

明るかったエコーは沈みがちで、ニンフの仲間に加わるより一人でいることが多くなってしまいました。

そんなエコーは、森の中でニンフたちの人気者「ナルキッソス」に出会ったのです。エコーもナルキッソスに惹かれていたのですから、本来なら千載一遇のチャンスのはずですが、エコーは自分から喋ることはできません。

「君は誰？」「誰？」

「僕に用でもあるの？」「あるの？」と最後の言葉を繰り返すばかり。おかしな娘とナルキッソスはその場を立ち去ってしまいました。

相手にしてもらえなかったエコーは、悲しみのせいでしょうか、次第にやせ衰えて肉体がなくなり「声」だけの存在になってしまったのです。

▼自己中で思いやりに欠けると花になる？　「ナルキッソス」は水仙

ナルキッソスはというと、「自分ファースト」で思いやりに欠ける冷たい性格でしたから、思いを告げるニンフ達にも優しさのかけらも示すことはありませんでした。つれなくされたニンフ達の不満は募るばかりで、ついには復讐の女神ネメシスに訴えます。

「復讐は私たちの味わったのと同じ苦しみを与えることです。どうぞ恋する相手から無視される哀しみや痛みをわからせてください。どうかお願いします」

「貴女達の言い分はもっともね。思う相手から無視される……、でもあのナルキッソスに人を思う心なんてあるのかしら」 ネメシスは考えます。

「あの自己中のナルキッソスには、これしかないかも」

狩の途中でしょうか、喉の渇きを覚えたナルキッソスが泉の水を飲もうとすると、水面に美少年の姿が。ナルキッソスは友達になりたいと声をかけますが、答えは返ってきません。触れようと水に手を入れると、サァ～と消えてしまうのです。

「エコーとナルキッソス」
ジョン・ウィリアム・ウォーターハウス
1903

水に映った自分の姿が答えるはずはありません。「どうして何も話してくれないの？　じれったいし、切ないし……優しい言葉くらいかけられないのかい？」

ナルキッソスは多くのニンフが味わったのと同じ思いを抱えたまま、水辺から離れられませんでした。そうしてナルキッソスは衰弱して命を落としてしまいます。ナルキッソスの身体は水仙（ナルシス）となり、魂はタルタロスに旅立っていったのです。

自分の容姿や能力に酔いしれる人が「ナルシスト」というのは、このナルキッソスの逸話にちなんだ心理学用語です。現代ではスマホ片手に自撮りをしたり、「インスタ映え」を気にする人のなんと多いこと。自己承認か自己顕示欲かわかりませんけど、これもある意味ナルシシズムと言えるのかもしれないと思わされます。

言われてみると、一輪一輪がすっきりとした水仙の姿、群生していてもそれぞれゴーイング・マイウェイという気にさせられるのもナルシスのせいなのでしょうか？

水仙といえばI wandered lonely as a cloud. That floats on high o'er vales and hills……で始まるイギリスの詩人ワーズワースの代表作、Daffodilsという詩の冒頭です。ダフォディルは水仙の英語名。それにSeven Daffodilsというモダンフォークのラブソング。綺麗なメロディーでブラザース・フォーのハーモニーが懐かしい曲ですが、ナルシスがいなければ、こうした詩も生まれていなかったかもしれないのです。

▼カラスはもともと真っ白だったのに……激しやすいアポロンとアルテミス

竪琴を抱えた芸術の神アポロンは、牧畜と予言の神であると同時に、狩猟の女神双子のアルテミスと同じく弓にも長けた文武両道の神です。ギリシアの古典期には理想の男性とされていたとか。時代が下ると太陽神ヘリオスと同一視されたため、太陽神とも考えられるようになりました。

その理想的な男性アポロンが見初めたのが、テッサリアのラピテス族の王の娘「コロニス」でした。アポロンはコロニスとの連絡役となったのは、言葉を理解する白いカラス。良い仲になったとはいえ、アポロンはいつでもコロニスの側にいるわけではありません。コロニスは男女の機微を理解するには幼すぎたのでしょう、アポロンとの関係にあまり実感がわいていないようでした。

ある日、アルカディアのイスキュスという青年が滞在し、コロニスに言いよったのです。コロニスは承諾。この経緯を見ていたカラスがアポロンにご注進。

「大変です、あの娘浮気してますよぉ～」

「そんなバカな！」

「本当です。アポロン様の子供がお腹にいるというのに、他の男と抱き合っているのですぜ」

事の次第を面白がっているようなカラスの報告に腹を立てたアポロンは、カラスを真っ黒にした上、言葉がわからないようにしてしまったのです。も

Apollo Killing Coronis、Hendrik Goltzius
1590　ロサンゼルス郡美術館

ともとは真っ白く美しい鳥だったカラスでしたが、嘘をついたばかりに、いまでも黒いままというわけです。その上コロニスに矢を放って殺してしまったのです。

その風貌から敬遠されがちなカラスですけど、本当は頭の良いお利口さんなのですよ。チャンスがあったらじっくり観察してみてあげてください。意外に可愛いところがあるのです。

この話を耳にしたアルテミス。「神と約束したというのに、なんという不遜な女！」それでなくても潔癖な処女神のこと「一族郎党成敗してやる」と続けざまに矢を射たのです。

そのためコロニスを始め一族の多くが亡くなってしまいました。あまりにも急な出来事に人々は何か悪い疫病で亡くなったとしか考えませんでした。アポロンとアルテミスとは結構激しやすい性質のようです。カラス君の名誉のために付け加えると、『古事記』では神様のお使いです。「天降り」の語源である「天孫降臨」の際に、神倭伊波礼毗古（カムヤマトイワレビコ）命（後の神武天皇）の道案内をした八咫烏（やたがらす）。「天・地・人」を表す三本足の神聖な鳥です。日本サッカー協会のシンボルとしておなじみですよね。

▼コロニスの息子は医学の祖「アスクレピオス」

「なにもそこまでしなくても……」というアポロンには、コロニスの胎内の子供がまだ生きていることがわかりました。「せめて子供だけでも」と取り上げたアポロンは、クロノスとピュリクの子で半身半馬のケンタウロスの賢人ケイロンに子供を託したのです。

本来ケンタウロスは野蛮で酒好き女好きで♂ばかりの種族。弓矢や槍、棍棒を持った姿がおなじみでしょう。このケンタウロスの中でも、クロノスとピュリラー（オケアノスの娘）の息子「ケイロン」は優れた賢者で多くの英雄を育てたことで知られます。ところによっては「医学の祖」とされているほどです。ケイロンについては追ってお話しするとして、「アスクレピオス」と名付けられた子供は、ケイロンの薫陶のもとスクスク育ちます。

「母は疫病で亡くなった」と聞かされていたアスクレピオスは、医学に関心をもち、ケイロンの指導のもと優れた医者になりました。独立したアスクレピオスは、後述するアルゴー船探検隊（アルゴナウタイ）にも参加し医術の腕を上げていきます。

ついにはアテナから授けられた「ゴルゴンの血によって」死者を蘇らせる術まで身につけたため、ハデスと対立。生・老・病・死という秩序を乱したとして、ゼウスの稲妻で撃ち殺されてしまうのです。ただ、さすがにその功績は認められ、死後は天に昇りへびつかい座となりました。

アスクレピオスの持っていた蛇の巻きついた杖は、医療・医術のシンボルマークになっています。これ、２匹の蛇が巻き付いているヘルメスのケリュケイオンの杖とは別物です。

古代ギリシアでは病院を「アスクラピア」と呼んでいたそうです。アスクレピオスの子供たちは皆医学の道に進んだとされますが、誰も死者を蘇らせることはありませんでした。

古代ギリシアの医学はヒポクラテスが集大成したとされています。ギリシア医学はイスラム世界でユナニ医学（Yunan はペルシャ語で Ionian つまり「ギリシアの」という意味）となり、中国の中医学、インドのアーユルヴェーダと相互に影響しあって発展し、世界３大伝統医学として現代にも息づいているのです。

息子のアスクレピオスを殺されたアポロンは、仕返しに息子を殺した稲妻をゼウスに与えたひとつ目の巨人キュクロプスを皆殺しに……。そのことで、さらなるゼウスの怒りに触れてしまったアポロンは、罰としてペライの王アドメトスのもとで羊飼いとして家畜の世話をさせられました。そのため経歴に牧畜が加わったとのこと。前述したパーンと演奏の腕を競ったのはこの頃のことでしょう。

4　神さまを怒らせると

▼オルフェウスとエウリュディケ――ギリシア版伊奘諾（イザナギ）と伊奘冉（イザナミ）

アポロンの息子と噂されたのが「オルフェウス」という竪琴の名手です。竪琴はアポロンに師事したようですが、実際はカリオペとオイアグロスの子として生まれたようです。

オルフェウスの奏でる竪琴の音色は素晴らしいもので、全ての生き物が心を動かされたというのですから、できることなら聞いてみたいものですね。彼には「エウリュディケ」という最愛の妻がおりましてむつまじく日々を過ごしていました。

「オルフェウスとエウリュディケ」
フェデリコ・セルベー

ある日のこと、散歩をしていたエウリュディケの美しさに心を奪われた牧者アリスタイオスが、彼女を追って来ました。気づいたエウリュディケは走り出し、逃げる途中草むらで足音に驚いた毒蛇に嚙まれて死んでしまったのです。生きる意味を失ってしまったオルフェウスは、竪琴を弾く気にもなりません。

思うのはエウリュディケのことばかり。「どうしても会いたい、冥界に行けば会えるだろうか」。オルフェウスは、ラコニアのタイナロン洞窟とヘルミオネの井戸が冥界に通じていると知り、竪琴を抱えてひたすら洞窟を目指したのです。

生きた人間が入ることは許されない冥界なのですが、「生きている人間が来た」と襲いかかる冥界の住民や妖怪たちが、オルフェウスが持っていた竪琴を奏でると不思議議なことに彼らはおとなしくなってしまったのです。

獰猛な番犬ケルベロスまでもが、身動きもせずに聞き入ってしまっているではありませんか。イクシオンの車輪は止まり、タンタロスは喉の渇きを忘れ、ダナオスの娘達は水汲みの手を止めてしまいました。つまり冥界をフリーズ状態にしてしまったのです。

　これには冥界の王ハデスも心を動かされた様子です。エウリュディケの死は彼女の過失ではありませんし、毒蛇による予期せぬ事故でした。熟慮の末ハデスは決断したのです。

「今回は特別にエウリュディケを帰してあげることにしよう。オルフェウス、お前の竪琴に免じて。ただ一つだけ条件がある。それは地上に戻るまで決して後ろを振り返らないことである。エウリュディケは、お前の後ろについて行くのだから。良いな、決して振り返ってはならないということを忘れるなよ」

「はい、決して振り返りません。お約束いたします。ハデス様へのご恩は生涯忘れません。本当にありがとうございます」

　オルフェウスは地上を目指して歩き出しました。エウリュディケが後ろについていることを信じて。

「エウリュディケ、本当に良かった。また一緒に暮らせるのだね。君のいない間、生きている心地はしなかった」

　オルフェウスが話しかけても、返事はありません。後ろからついて来ているのなら、息づかいや足音くらい聞こえても良さそうなのですが、後ろには静寂があるばかり。

「ハデス様が嘘をつくはずはない」

　とにかく地上を目指すオルフェウスでしたが、不安は増すばかり。思い直して歩を進めても、一度浮かんだ疑惑は消し去り難く、ついに振り返ってしまったのです。

　目の前にいたエウリュディケの姿は、冥界に引き込まれるように遠ざかっていきます。「なぜ振り向いたのですか？　なぜ神との約束を破ったのですか？　これでもう二度とお会いすることはできなくなりました」

　エウリュディケの悲痛な叫び声は遠ざかり、闇の静寂に取り残されたオルフェウスは呆然と立ち尽くすばかり。どこをどう歩いたのか定かでないまま地上に戻ったオルフェウスには後悔しかありません。

「あの時振り向かなければ」
思い出すだけで心は苛立ち、誰も近づけようとはしなくなりました。
気遣いや優しい言葉、竪琴を弾いてくださいと頼まれることの全てが鬱陶しくて仕方がありません。とにかく独りでいたい。
そんなオルフェウスの頑なさは、周囲の怒りを掻き立てるまでになってしまったのです。ディオニュソスの祭りでワインに酔った女性たちに襲われ、その身体は八つ裂きにされ、頭と竪琴もヘプルス河に投げ込まれてしまいました。竪琴はレスボス島に流れ着き、そこにオルフェウスの神殿が建てられたということです。
冥界に行ったオルフェウスは、再びエウリュディケに出会ったというのですが、これメデタシでいいのかしら。

このお話、『古事記』の伊奘諾・伊弉冊（イザナギ・イザナミ）の話にそっくりです。黄泉の国へ伊弉冊を迎えに行った伊奘諾が、醜い姿になった伊弉冊を振り返って見てしまい慌てて逃げ出しやっとのことで地上へ。黄泉の国の穢れを落とすために、小戸の阿波岐原で禊を行ない、多くの神々が生まれ左目を洗って天照大御神、右目は月読命、鼻を洗うと須佐之男命が生まれたという神話。結末は違いますが、「見るな」と言われるとどうしても「見たい」誘惑に負けてしまうのは神も人も同じなのですね。しかし醜い姿になったからと、恐ろしくなって逃げ出すなんて日本の男はちょっと情けないような。エウリデュケは哀しげに消えて行き、伊弉冊は恐ろしい姿で追いかける……原始の日本女性は強かったようです。

▼女神アテナと競ってしまい蜘蛛にさせられた「アラクネ」

神との約束を破ると悲惨な結果になるのはおわかりいただけたと思いますが、同様に神と競いあうというのも、タブーのようです。
リュデアのコロボーンで染色業を営むイドモンの娘「アラクネ」は、腕の良い織り手でした。
「上手だね」「さすがだわ」 褒められると悪い気はしません。
「機織りを司るアテナ様にも引けを取らない腕前」と評されるとすっかりそ

の気に。

これを知ったアテナは、人間の思い上がりは許せないと老婆に変身してアラクネの前に現れました。

「機織りの腕前が評判のアラクネさんは貴女ですかね。皆が言うようにアテナ様より腕前は良いのかい？」

「その通りよ。でもアテナ様が挑戦してくださらないから証明はできないわ。神様ですもの、負けるわけにはいかないのでしょう」

「そう、それなら挑戦を受けてあげるわ」老婆はアテナの姿に戻って言いました。

「覚悟はできているわね」

さあ大変、「あやまりなさいよ」「女神様相手には絶対に無理な勝負よ」周囲になだめられてもアラクネはやる気満々。世紀の（？）機織り競争が始まりました。

見る見るうちに織りあがっていく二人のタペストリー。アテナの図柄はポセイドンとの対決に勝ち、アテナイの守護神に選ばれたストーリー。対するアラクネはゼウスの浮気を主題にした図柄。

確かにアラクネの腕は素晴らしく、アテナでさえその実力を認めざるを得ないものでした。ただその図柄は神をあざ笑うようなもの。アテナは「こんな図柄は許せない。神を侮るのもいい加減にしなさい」とアラクネを打ち据え、織り機を壊し、タペストリーを破り捨ててしまったのです。自分がいかに愚かであったかを思い知ったアラクネは、首を吊って自殺するという結末に。

「アテナとアラクネ」
ルネ＝アントワーヌ・ウアス
1706年ヴェルサイユ宮殿

少しばかりお灸をすえるつもりだったアテナとしては、アラクネが哀れに思えてきました。そこでトリカブトの汁を撒いて、アラクネを蜘蛛に転生させたのです。以来アラクネは、大好きな機織りを続けているというわけです。

アラクネという名前は、普通名詞の蜘蛛を人格化したものとされます。蜘蛛恐怖症をArachnophobiaと表現するのは、アラクネが語源というわけです。

▼エロスの矢は悲劇も引き起こす

女神を怒らせた話は他にも。ピグマリオンの孫であるキュプロス島の王キニュラスの娘「ミュルラ」はとびきりの美女でした。幾人もの王子から求婚されていましたが、一向にその気にならないようです。

「誰か好きな者でもいるのか？」父に尋ねられてもうなだれるだけ。そんな娘がキニュラスにとって最大の気がかりでした。

ミュルラの自慢は美しい髪でした。豊かで艶やかな髪の手入れをしながら「私の髪はアフロディテさまにも負けないかもしれないわね」と口にしたのが、悲劇を招くことになったのです。乳母は「王女様、滅多なことをおっしゃってはいけません。女神様と比べられるなど畏れ多いことですよ」とたしなめましたが、時すでに遅し。アフロディテの耳に届いてしまったのです。

「まあ、生意気な！　懲らしめてやらなければ」と呼び出したのが息子のエロス。この親子、恋愛がらみでは最強コンビですから、始末が悪いですよね。

「あの娘に忌まわしい恋をさせて」

「合点承知」という成り行きで、エロスの射た矢はミュルラに命中。

ぼんやりと日を過ごし、食事も喉を通らないミュルラ。乳母は心配でたまりません。なんとか元気づけようとするのですがミュルラは落ち込むばかり。そんなある日のこと、乳母がミュルラの様子を見にいくと、思いもしなかった光景を目にしたのです。ミュルラが天井の梁に縄をかけ、自ら首を吊ろうとしているではありませんか。

「お嬢様、何をなさるのですか」慌てて部屋に飛び込み止めに入った乳母に、

「ごめんね、婆や。もうこうするしかないの」と泣きじゃくるミュルラ。

「何をそんなに思いつめていらっしゃるのですか？」

「……」

「この婆やにだけはお教えくださいまし。お小さい頃からずっとお側にいる婆やではありませんか。必ずお力になって差し上げます。」

「……」
「亡くなられたお母様だって、このようなことをなさったら悲しまれるだけですよ。どうかお話くださいませ」
　必死の説得に応じたミュルラが涙ながらに打ち明けたのは、道ならぬ恋。
「まぁ！」驚きのあまり言葉も出ない婆や。
　長い沈黙のあと、婆やは切り出しました。
「父君にわからなければよろしいのですね。そして思いを遂げられたら、お心は晴れるのですね。きっとですよ。婆やにお任せくださいまし」

▼「ミュルラ」の悲劇

「王様、お願いがございます」乳母はキニュラス王に願い出ました。
「乳母か。ミュルラに何かあったのか、近頃元気がないようだが」
「いえ、お嬢様のことではございません。実はさる高貴なお方が、神のお告げがあったため、ぜひとも王様の夜伽のお相手をされたいと悩まれているのでございます。あまりにお悩みが深いので、お気の毒に思えまして、お伝えする次第でございます」
「何、神のお告げだと？　そのようなこともあるのか」信心深いキニュラスは、これも何かの縁とでも思ったのでしょう。
「よかろう、それも一興じゃ」
「お許しいただけますか、ありがとうございます。ただそのお方はご身分のこともあり、お顔をお見せすることはできないと申されております。どうぞこの点をご容赦くださいますように」
「うむ」という成り行きで、夜になると黒い衣装に身を包んだ女性がやってくるようになったのです。灯りを消していても、若々しさやなめらかな肌、たき込められた香り。さぞかし美しく品のある女性であろうということが伝わってきます。
　そんな夜が続くこと 12 日。
「顔を見たい」、「見るな」と言われるとどうしても見たくなる。これ男女を問わずお決まりですから、「今夜こそは女の顔を見てやろう」 交わりの余韻に浸っている女性を見つめた王は素早く立ち上がり、回廊の松明を手にして部屋へ。
「あっ」あわてて体を起こす女。松明に浮かんだその顔は、誰あろう他ならぬ娘ではありませんか。
「……」驚きのあまり声も出ない王の脇をミュルラが駆け抜けて行きました。
「知らぬこととはいえ、私はタブーを犯した。この国ではタブーを犯した者は生かしてはおけない。このままでは神の怒りを買うことになろう。しかし父親としては……」
　胸中に湧き上がるのは怒り、困惑、驚き、の入り混じった複雑な思い。
「もう家には帰れない」逃げ出したミュルラは、どこまでも歩き続けました。少しでも家から遠ざかろうと。命を絶とうとも考えましたが、お腹には子供が。「私はともかくこの子だけは」。アラビアの南サバの地にたどり着いたミュルラはすでに出産間近で、動くこともできなくなって岩かげにうずくまっています。
　天に向けて手を差し伸べると「神よ、私は許されない罪を犯しました。天界に入ろうとは思いません、この地で人の世にも冥界にも属さないものとして生き続けたいのです。どうか私の願いをお聞き入れください」。祈り続けるうちにミュルラの足は土に埋れて根となり、身体は幹に差し伸べた手は枝となって樹木と化したのです。
　ミュルラは没薬の樹、防腐剤として珍重された樹脂が採れます。エジプトではミイラを作る時の必需品でした。ミイラというのもミュルラが語源とされているのですから。
　またキリストの誕生を祝いにやって来た東方の三博士の贈り物にもミュルラがありました。当時は貴重品だったことが伺える逸話です。

▼因果はめぐって美少年「アドニス」誕生

　樹となったミュルラの幹には大きな膨らみが。出産の神が幹を切り裂くと可愛らしい男の子が生まれました。ギリシア神話の中で一番の美少年「アドニス」の誕生です。
　この少年の美しさに真っ先に目をつけたのは、アフロディテ。これってとても皮肉な出来事なのです。アドニスの母ミュルラの悲恋の原因は、アフロディテがエロスに命じたことでした。このエロスの矢の効力がたびたび発揮されたことには触れましたが、チョロチョロしている時に、うっかりアフロディテの乳房を金の矢でキズつけてしまったのです。

神とはいえ、その効力は絶大、アフロディテはアドニスに恋をしてしまったという後日談があるのです。「人を呪わば穴二つ」ということでしょうか。

アフロディテはアドニスが気になって、気になって仕方がありませんが、オリンポスに連れて帰るわけには行きません。誰にも見つからないようにと籠に入れ「地上にいる間は預かっていてね。籠は開けないでね」とペルセポネに預けたのです。

何度も出てきましたが、「開けないでね」は守られない約束です。おきまりのようにペルセポネは籠の中をのぞくと、「なんて可愛いの」と一目で虜に。冥界にいる間は、アフロディテに取り戻されるのではないかとヤキモキしっぱなし。「死んだら冥界に来ることになっているから、待っていればここの住民になるよ」というハデスには「あの子を早死にさせたいの！　なんて人なの、許せないわ」と八つ当たりをするほどでした。

▼アドニスをめぐるアフロディテとペルセポネの諍いは……

時が経ち、アドニスが成長するとアフロディテが迎えにやって来ました。ペルセポネとしても、簡単に渡したくはありません。

「預けただけでしょ」

「そんな勝手なこと言わせないわよ、放り出したくせに」

二人の争いに裁定を下したのはゼウス。１年を三分割して、アドニスが好きに暮らす、アフロディテと暮らす、ペルセポネと暮らすというものでした。ゼウスはペルセポネの時と同様に、分割がお好きなようですね。世界中のややこしい紛争も「仲良く分割せよ」と解決していただきたいものです。

アドニスは好きに暮らす期間をアフロディテと過ごすことにしました。つまり１年のうちの８カ月ということですから、ペルセポネは「不公平よ」と憤慨します。そんな女神二人の思いを知ってか知らずか、アドニスが夢中になっていたのは「狩り」。アフロディテは危険だから止めなさいと言って聞かせるのですが、一向に聞き入れないアドニスです。

「ヴィーナスとアドーニス」ピーテル・パウル・ルーベンス　17 世紀上半期
メトロポリタン美術館

一方、おさまらないペルセポネは、アフロディテの夫アレスに告げ口。
「貴方をさしおいて人間の男の子なんかに夢中になっているアフロディテよ。このままにしておいていいの！」
これって女神様の言動ですよ。まぁ日本にも「外面女菩薩、内心女夜叉」という言葉もありますからね。でもこれ「火に油を注ぐ」ようなものでロクな結果にはなりません。
「まったくぅ、人が浮気するといつまでもネチネチと言うくせに、自分のことは棚上げか。少し懲らしめるとするか」
アレスは大猪に変身、狩に夢中のアドニスの前に現れます。いつまでも子供扱いされることに不満だったアドニスは、大猪を仕留めてアフロディテに認めてもらおうと立ち向かったのですが……。追い詰められて逃げ道を失った大猪は、クルリと方向を変えてアドニスめがけて突進して来たのです。アドニスが突き立てた槍は、狙いを外れました。手負いの獣は恐ろしいもの、逃げようとするアドニスが切り株に足を取られてよろめいた途端、背中に牙がグサリ。猪はアドニスを空中に放り出し、大地に落ちるやいなやまたしても牙でグサリ。一瞬のうちにアドニスは事切れてしまったのです。
天空を旅していたアフロディテは、妙な胸騒ぎを覚えて地上に眼を凝らしました。目に入ったのは、血だまりの中のアドニス。
「大変。誰かこの子の命を返して！」アフロディテはハデスのもとに急ぎました。
「まだこんなに若い子供よ。どうか生き返らせて、貴方にならできるでしょう？」
「そうはいかない」
アフロディテの頼みを聞き入れるわけにはいかないハデスです。嘆き悲しむアフロディ

テへのせめてもの思いやりとして「花の姿にして、１年のうちの数カ月の間地上にかえらせてやろう」と、アドニスの血が染み込んだ大地から伸びた茎が真紅の花を咲かせました。微かな風にも花びらを散らす繊細なアネモネです。

アフロディテがアドニスを偲んで流した涙は薔薇になったと伝わります。

5　星になった神々

▼ポセイドンの息子「オリオン」

ギリシアと切っても切れないエーゲ海。海の神はポセイドン、海の中にも宮殿を持っています。ポセイドンには母親の違う二人の息子がいます。妃のアンピトリテとの間に「トリトン」と、ゴルゴン三姉妹の次女エウリュアレとの間の「オリオン」。

トリトンは海底の黄金宮殿に住み深海を司る神。上半身は人間で下半身は魚、波を立てたり沈めたりするための法螺貝を持っています。オリオンは父ポセイドンから水の中を歩く術を伝授され、海の中を歩けるようになっていました。

「これで世界中の海の中を歩ける」というオリオンの妻は「シデ」というダナオスの娘。シデは本当に美しかったのですが、美女にありがちな高慢タイプ。「全能の神ゼウスの奥方だって私には敵わないわよね」などと吹聴したため、ヘラの怒りをかってしまい、タルタロスに落とされてしまったのです。何度もみてきたように、どんなに自信があっても神の前では謙虚に、おとなしく、控えめにしましょう。

妻を亡くしたオリオンは放浪の旅に。何しろ海中を歩けるのですから、どこへでも足の向くまま気の向くままというわけで、キオス島へ。そこでオイノピオン王の娘メロペーに一目惚れ。当時この島では農作物を食い荒らす野獣に悩まされていました。狩りも得意だったオリオンは野獣を退治してしまいます。

喜ぶ島民、王は望みのものを褒美に与えようとオリオンを褒め称えます。

「メロペー様を嫁に」と申し出たオリオン。頷く王でしたが、王もメロペーもなぜかオリオンを気に入ってはいなかったのです。

なんのかんのと口実をもうけて、約束を果たさない王。「此奴が死んでくれればよいものを」と不埒な考えで、「島を荒らし回っているライオンを退治したら」とさらなる条件を持ち出したのです。これを受けたオリオンは、難なくライオンを退治してその毛皮を王に献上したのです。

「これでメロペーも嫁に」と喜んだオリオンですが、どっこい、そう思うようには事は運ばず、王もメロペーもグズグズを続けるばかり。約束を守らない親子に腹を立てたオリオンは、ある夜酔った勢いでメロペーを……。

「よくも娘を手篭めにしてくれたものよ」と怒ったオイノピオンは、ディオニュソスに頼んでオリオンを泥酔させ、両目をくり抜いてしまったのです。そして「どこへなりと行くがよい」と海岸に放り出してしまいました。

両目を失って歩くこともままならないオリオンに、神託です。

「東の国に行き、ヘリオスがオケアノスに昇る最初の光を浴びれば、目が見えるようになる」というもの。

オリオンはひたすら東のレムノス島を目指します。そこでヘパイストスの

「太陽の光を目指し走るオリオン」　ニコラ・プッサン
1658 年　メトロポリタン美術館蔵
ケダリオンを肩に乗せている

弟子ケダリオンに案内されてオケアノスの果てにたどり着き、ヘリオスの光を浴びて再び目が見えるようになりました。ケダリオンは小人でしたから、オリオンの肩に乗っています。小人に助けられるというのは『古事記』にも。大国主の国づくりに協力した少名毘古那神（スクナビコナノカミ）という神様。ガガイモの船に乗って、鵝（ガとされる）の着物を来て海の彼方からやって来たとされ、「一寸法師」のモデルのようですよ。

▼暁の女神「エオス」

ヘリオスの光を浴びようとするオリオンを、兄より先に見かけた暁の女神「エオス」は、オリオンに一目惚れしてしまうのです。

「エオス」
イーヴリン・ド・モーガン　1895年

エオスの想いを知ってか知らずか、オリオンは、「このまま済ませてなるものか！」とオイノピオンへの復讐心を燃え上がらせキオス島に戻ります。しかし目指す相手は見つかりません。ヘパイストスが作った地下室に隠れていたとされますが。

オリオンは、オイノピオンが祖父のミノスのところへ逃げたのだろうとクレタ島へ向かいました。クレタ島でアルテミスに出会ったオリオン、狩猟の神とは気が合うようで、互いに狩の腕前を競って楽しんでいました。美人妻シデを亡くして放浪の旅に出たというのに、立ち直りの早いことです。

オリオンはエオスとおつき合いしながらも、アトラスの娘たちプレアデス７姉妹（ティタンのアトラスと海のニンフプレイオネの間に生まれた、マイア、エレクトラ、タユゲテ、アルキュオネ、ケライノ、ステロペ、メロペ）を追いかけ回しています。女好きというのは、ホント に懲りないもので、古代から治す術のな

「プレアデス」
エリュー・ヴェッダー　1885年
メトロポリタン美術館

いもののようです。

このプレアデスの娘たち、神の子ですから不死のはずですが、ゼウスの計らいで星に。ただメロペとされる星はちょっと暗めというかボンヤリしています。なぜかというと人間シシュポス（神様を騙した人です）と結婚したため、「不死」でなくなったことを恥じてとされるのです。なんともよくできたお話です。

暁の女神エオスは、オリオンと一緒にいたいという女心から、さっさと仕事を切り上げるという手に出ました。つまり暁の時間が短くなってしまったのです。

▼オリオンが星になった理由

「どうしてこの頃、暁が短いのかしら、私の気のせいではなさそうだけれど」

アルテミスは、東の果てのエオスの宮殿に確かめに行きました。そこで偶然再会したのが、オリオンでした。

「またクレタ島で狩りをしない？」どちらからともなく言い出して、クレタ島へ。二人の仲睦まじさは島でも評判になっていたようです。

オリオンとのつきあいに反対したのは、アルテミスの兄アポロン。オリオンの粗野で乱暴な性格と女好きというキャラは、アポロンにとって到底受け入れられないものだったからです。アルテミスはそんな兄の言葉など聞く耳は持っていません。二人で連日の狩り三昧。

このままでは二人が獣たちを狩り尽くしてしまう。そう考えたガイアは、１匹の毒サソリにオリオンを倒すように命じます。ガソコソと近づいたサソリに刺されたオリオンは海の中に逃げ込みました。さすがのサソリも海の中まで追いかけることはできません。海面に頭だけを出して歩くオリオン。サソリの毒が回ってきたのか目が霞んできているようで、足下がおぼつかない様子です。そんな時オリオンを探しているアルテミスにアポロンが言いました。

「オリオンと遊びまわっていたせいで、腕は鈍ってないか？」

「そんなことはないわよ。私の弓は正確よ。オリオンのおかげで腕は上がったかもしれないわ」
「ふぅーん。それじゃその自慢の腕前を見せてくれるかい」
「望むところよ」
「じゃ、あの沖合の小さな流木、当てられるかい？」
挑発に乗ったアルテミスが弓を引き、矢は見事命中。射たものが浜に打ち上げられると、それは流木ではなくオリオンでした。悲しんだアルテミスは死者すら蘇らせるという名医アスクレピオスを訪ねて、オリオンを生き返らせてくれるよう頼み込んだのですが、ハデスの反対で実現することはありませんでした。
最後にアルテミスはゼウスに「せめて空にあげてください」と懇願したのです。
これを聞き入れたゼウスによってオリオンは星座となり、夜空を飾るようになりました。
プレアデス７姉妹は、「スバル」と呼ばれるプレアデス星団に。ガイアの放った刺客のサソリもオリオン殺しの功績（？）を讃えられて大空に。ご存知かもしれませんが、オリオンはプレアデスを追いかけています。
そして東の空からサソリ座が現れるとオリオン座は西の地平線に隠れ、サソリ座が西の地平線に沈むと安心して東の空にあらわれるのです。オリオンは冬の東南の空に、サソリ座は夏から秋の南方の空というように、天空でも追いかけっこをしているのです。

▼ギリシア神話と星座

星と人との関わりのそもそもは、バビロニアのカルデア人によって占星術が考案されたときと言われています。天体に関する神話の起源はメソポタミアで、シュメール時代にまで遡るようです。紀元前1200年頃から神話や伝説として語り継がれていたものが、ギリシア・ローマへと伝わり、夜空の星々を眺めているうちに星と星を繋いで神話の主人公たちを夜空に描き出したものが「星座」です。
星座はギリシア神話の登場人物にちなんだ図柄とすると、太陽系の９つの惑星は神々にちなんで名付けられています。ただしギリシア神話を受け継いだローマ神話の名称ですけれど。

水星はMercury（Hermes）、金星Venus（Aphrodite）、地球Earth（Gaia）、火星Mars（Ares）、木星Jupiter（Zeus）、土星Saturn（Kronos）、天王星Uranus（Ouranos）、海王星Neptune（Poseidon）、冥王星Pluto（Hades）……そして惑星のまわりで運動をしている214の衛星にもメティス、エウロパ、イオ、レダ、タイタン、アトラスウ、パンドラ、レア、トリトンといった神話でおなじみの名前が数多くつけられています。発見者が名付けるようですが、宇宙の神秘性は「神話」と結びつけたくなるのかもしれません。

現代の夜は星を眺めるには明るすぎて、観賞するには照明のないところを探さなければなりませんが、当時は夜になると満天の星がどこからでも見えたことでしょう。

その中で目立つ星や特徴のある星々を中心にして、神話の世界を創り上げ楽しんでいた当時の人々の想像力には脱帽です。私たちが折に触れて気にする“星占い”の星座は、ギリシア神話と深い関わりを持ったものなのです。

星占いでおなじみの星座を例に簡単に紹介します。

蟹　座：ゼウスの妻ヘラは、ゼウスの愛人の子であるヘラクレスを憎んでいたのは前述した通りです。後述するヘラクレスの12の冒険の一つに、ヒュドラとの戦いがあります（147頁）。この戦闘の最中にヒュドラの助っ人として巨大な化け蟹カルキノスを遣わしたのですが、ヘラクレスに踏みつぶされてあえない最期を遂げました（可哀想〜）。ヘラが、カルキノスの勇気を認めて天に上げたという星座。

獅子座：ヘラクレスの冒険の最初の犠牲者。ネメアの獅子が空に上げられた。

乙女座：デメテルの娘コレ（ペルセポネ）という説とアストライア説がある。

天秤座：正義と天文の神アストライアの持つ正義の天秤。

蠍　座：オリオンを刺した蠍です。

射手座：アルテミスから狩猟を教えられたケイロンが弓を引く姿。

山羊座：神々がナイル川沿いで宴会をしていたところ、突然テュポンが現れたため、驚いた神々は動物に姿を変えて逃げ出した、という話の中で、慌てたパーンが魚に姿を変えて川に飛び込んだところ下半身だけが魚になった（角のある人魚か？）という姿をゼウスが星座にしたということです。つまり想像上の動物です。

水瓶座：不死の神酒ネクタルの入った水瓶（酒器）。

魚　座：アフロディテとエロス親子がユーフラテス川近くを散歩していたところにテュポンが現れたため、ニンフに助けを求めて川に飛び込んだところ、２匹の魚が彼らを背負って避難させてくれました。その功績で２匹の魚は天に上げられたのです。

牡羊座：ポイオティア王の息子プリクソスと妹のヘレが継母イノによって生贄にされそうになった時、二人を逃すためにゼウスが遣わした翼のある金羊毛の羊。羊に乗って逃げる途中ヘレは落羊して海中に。無事にコルキスに逃げ延びたプリクソスが王のアイエテスに贈ったとされます。アルゴー号の冒険に登場する金羊毛の羊です。

牡牛座：ゼウスがニンフのエウロペに近づくために、変身した牡牛。

双子座：スパルタ王妃レダの息子である双子。兄カストルの父はスパルタ王デュンダレオス、弟のポリュデウケスの父はゼウス。つまり弟は不死でした。メッセーネとの戦いでカストルが亡くなり、ポリュデウケスはゼウスに兄と「不死」を分かち合いたいと願い出ました。ゼウスはその願いを聞き入れ、二人を天に上げて星座にしたとされます。

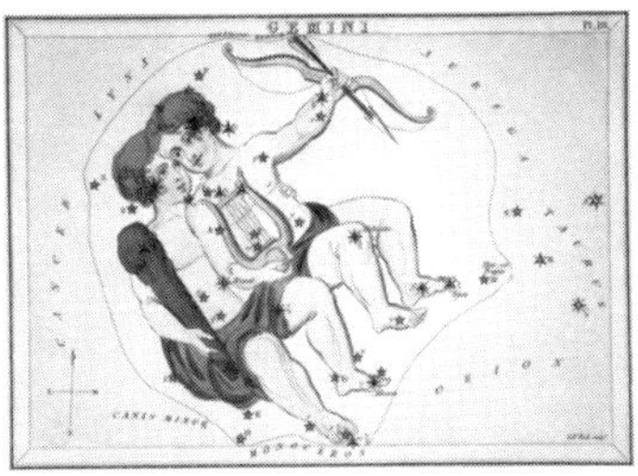

「Gemini」シドニー・ホール
1825年　ウラニアの鏡

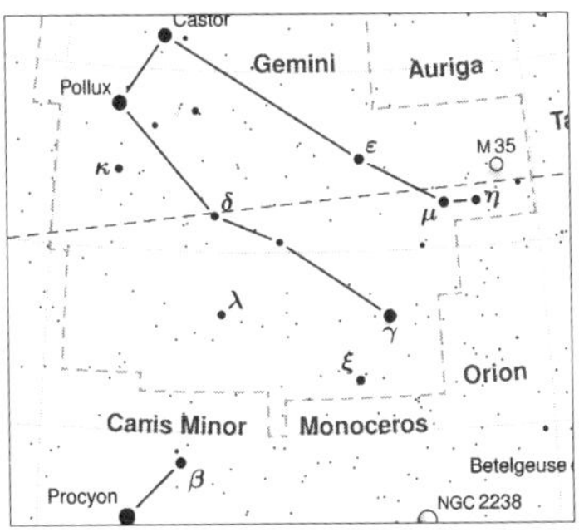

双子座の星図

といったように、プラネタリウムで語られる星座の話にワクワクした子供の頃ですがどうやってもこの星図からこちらの画像が描けるのか不思議で仕方がありませんでした（想像力の不足でしょうか）。

6　ギリシア悲劇

▼エディプス・コンプレックス

ところで、ギリシア悲劇『オイディプス』はソフォクレスの最高傑作とされていますが、これ、ギリシア神話の中でも有名なお話です。

ところはテーバイ。国王のライオスは「息子をもうけてはいけない。もし男子が生まれたら、その子によって命を奪われる」という神託を受けていたため、とても慎重に女性と接していました。妃のイオカステすら遠ざけて、若い男の子ばかり寵愛していたのですが、ある日酔った勢いでうっかり。

これでイオカステは妊娠。息子が生まれては困る、息子であろうはずはない、しかし、もし……、悶々と過ごすライオスでした。そしてついに出産の日が。

「生まれたか。どっちだ、男か女か！」

ライオスの期待も空しく生まれたのは男の子。普通なら跡継ぎの王子が生まれて大喜びのはずですが、「殺せ。殺した者には褒美をとらせる」と叫びます。そう命じられても誰も手を出そうとはしませんでした。

「生まれたばかりの赤児、しかもお世継ぎの王子様を手にかけるなんて……」

尻込みするのはもっともです。ライオスはその子の踵を留め金で貫くと「いくら魔力を持っていても、これで動けないだろう。誰か谷へ捨ててこい。獣達が片付けてくれるだろう。禍根は絶つに限る。できるだけ遠くに捨てよ」と命じました。

王の命令ですから従うしかありません、一人の家臣が抱きかかえて出て行きました。できるだけ遠くへというのだから、隣のコリントスとの国境近くにでも行くか、と考えたようでして、国境近くの太く大きな木の下に赤児をそっと置いて「許せよ」と立ち去りました。

それでもどうしても気になるので、近くに隠れてそーっと様子を伺っていました。しばらくするとコリントス王ポリュポスの牛飼いがやって来て、赤児を抱き上げて連れて行ったのです。

成り行きを見届けた家臣は、「捨てろと言われた私は命令に従った。しかし牧人に拾われるのを見届けて、ホッとした」と胸をなでおろし、「ご命令通り捨てて参りました」と報告したのは言うまでもありません。

▼コリントス王に育てられた「オイディプス」

「牛飼いが珍しい赤児を見つけましてございます。どのように致せばよろしいでしょうか」

コリントス王の侍女がポリュポスに報告しています。

「珍しい赤児」とは？　見ると踵に止め金が刺さっているではありませんか。「かわいそうに、痛かったであろう、すぐに医者を」というような流れで、子供のいなかった王と王妃ペリポイアは「神の思し召しでしょう」と自分たちの子供として育てることにしたのです。

赤児の名はオイディプス（腫れた踵という意味）。出生の秘密は隠され、オイディプスはコリントスの跡継ぎとして立派に成長します。文武両道で出来の良い若者となれば、将来は楽しみのはずですが、どこにでも悪意や嫉妬を持つ輩がいるというのが世の常。いつの間にか「オイディプス様は、ポリュポス様のお子様じゃなく継子」という噂が広まり、オイディプスの耳にまで届いてしまったのです。

家臣たちに確かめても「何をおっしゃるのですか、そんな根も葉もない噂をお信じになるのですか？　私はオイディプス様がお生まれになった時の王様のお喜びようをまるで昨日のことのようにはっきりと覚えております」というようにたしなめられるばかり。否定されればされるほど、なぜかオイディプスは気になって仕方がありません。

「確かめるには神に尋ねるのが一番か。アポロンの神託を受けに行くしかあるまい」

オイディプスはデルフォイに旅立ちました。そこでオイディプスに告げられた神託は、

「故郷へ帰ってはならない。帰れば父を殺し、母と交わるであろう」

という恐ろしいものだったのです。
「継子」という噂に不安を覚えていたとはいえ、オイディプスにとって父と母はポリュポスとペリボイアしか思い浮かばないのです。それでも神託は絶対です。二度とコリントスには戻れない、そう考えたオイディプスは、「信託によって修行の旅に出ます」という両親への言伝を残して、できるだけコリントスから遠ざかろうとテーバイへの道を進んだのです。

▼スフィンクスの謎

ポーキスの三叉路にさしかかった時、戦車に乗った初老の男が先を急ぐのか「道を譲れ」と声高に命令するではありませんか。オイディプスが譲らぬとみるやポリュポンテーヌという従者の一人が、オイディプスの馬を殺してしまったのです。
「何をする！」
「譲れと言ったのに、譲らないからだ」
「私を先に通したほうが、そちらも走りやすいのではないか」という「譲れ、譲らない」という極めてオーソドックスな揉め事が、争いに発展（こういう時は、とりあえず譲るが勝ちだと思うけど、なぜか制御が利かないのが人間なんですかねぇ。昨今やたらと多い“煽り運転”もこの類と言えそうです）。
腕力ではオイディプスが勝りますから、初老の男とポリュポンテーヌを谷底に突き落として殺してしまったのです。その名乗りもしなかった男は、なんとテーバイの王ライオス、つまりオイディプスの実の父でした。谷底に落ちる間、ライオスの胸中に「私を殺せるのは息子だけ、だから死ぬわけはない」という思いが過ぎっていたかもしれません。
そんなこととはつゆ知らずテーバイに到着したオイディプスはしばらく逗留することに決めます。この街に漂う重苦しい雰囲気が気になって住民に尋ねたところ、「最近王様が亡くなられたばかりなのです。それにこの街に居座っているスフィンクスという怪物に悩まされているからなのです」
スフィンクスの顔は女性、胴体と尻尾はライオンにして鳥の翼を持つという怪物で、エジプトのスフィンクスと発生は同じらしいのですが、容姿は異なっているようです。オルトロスとエキドナの娘（？）でして、ピーギオン山頂に居座り、そこを通りかかる者に謎を出し、その謎が解けないと食べてしまうという怪物です。「スフィンクスの謎を解いた時に災いから解放される」という神託をテーバイの人々は信じていましたから、知恵者として知られるこの街の幾人もがこの魔物に挑戦を試みたのですが、戻って来た者は誰一人いないというのです。

「スフィンクスとオイディプス」ギュスターヴ・モロー　1864年　メトロポリタン美術館

「それでは私が挑戦してみよう」オイディプスは謎を解くため、山頂に向かいました。

待ち構えていたスフィンクスは「朝は４本足、昼は２本足、夜は３本足というのは何だ？」と問いかけました、オイディプスは答えました「それは人間だ。赤児の時はハイハイし、長ずれば２本の足で歩き、老いたら杖をつき３本足となる」

どうせまた解けないだろうから食べてやろうと構えていたスフィンクスは呆然とするばかり。「しかもこんな簡単な、問題だけか？」と挑発までしてくるオイディプス。

ショックのあまりか、恥ずかしくて生きていられないと自殺してしまったというちょっと気の毒な魔物さんです。

▼オイディプスの悲劇

スフィンクスを退治したオイディプスは、テーバイに王として迎えられ前王妃イオカステを妻とします。イオカステはオイディプスの生みの母。いくら若くして子供を産んだからと言っても、オイディプスが立派に成人していることを考えると、「お幾つですか？」と伺いたくもなりますが、そーいう理屈っぽいことはギリシア神話にタブーですから先へ進めましょう。

オイディプスとイオカステの間には、「ポリュネイケス」と「エテオクレス」という二人の息子と「アンティゴネ」と「イスメネ」の二人の娘が生まれています。

オイディプスが王となって安泰となったテーバイでしたが、ある時期から害虫の大発生、疫病の流行、日照りによる水不足と次々と惨事に襲われるようになりました。一体どういうことなのでしょう。オイディプスは神にお伺いをたてるため、イオカステの弟クレオンをデルフォイに向かわせたのです。

アポロンの神託は、「先の王を殺し、人倫にもとる行為をした者がテーバイにいる。その者を探し出して追放しなければ、神の怒りが解けることはない」というもの。早速調査に乗り出したオイディプスでしたが、赤児のオイディプスをコリントス王の侍女に渡したという牧人、三叉路で一部始終を目撃していたという男、次々と証人が現れて明らかになったことは、「犯人」は自分であるという思いもよらないことでした。

「父を殺し、母と交わる」という神託を避けるため、国を捨てたオイディプスの行動は神託を実現することでしかなかったのです。知らずにいればコリントスで立派な王になっていたはずのオイディプス、ギリシア神話の神様のご託宣っていつも説明不足で悲劇のモトという気がします。

▼悲劇とフロイトの心理学

己の罪に衝撃を受けたのはオイディプスだけではありません。夫が息子であると知ったイオカステは首を吊って命を絶ち、オイディプスは両目を潰して放浪の旅に出たのでした。

なぜ両目を潰したのか。見ていたはずの世界で「真実」を見ていなかったことへの反省でしょうか。目に入っていても脳が認識しないため「見えていない」人、今も多いですよね。歩行中に人にぶつかったり、交通事故でも「気がつかなかった」という人、せっかくの「目」ですから思い切り活用したいものです。

テーバイは二人の息子とクレオンに託しましたが、息子二人は後に国王の座を争って戦いで殺しあうという運命。盲目となったオイディプスに付き添ったのは優しい娘のアンティゴネでした（このくだりシェークスピアのリア王とコーディリアを思い浮かべてしまうのはなぜかしら）。

このエピソードから「エディプス・コンプレックス」という心理学用語

を生んだのはジグムント・フロイト。エディプスはオイディプスの英語読み。男の子は幼少期に、父にライバル心を持ち母に愛情を覚える心理的傾向を持つというもの。その後、エレクトラ・コンプレックス、ユディット・コンプレックス、ディアナ・コンプレックス、メサイア・コンプレックスなどが心理学用語として生まれています。ディオニュソスも「母に会いたい」と冥界に乗り込んで、ハデスと直接交渉して、母セメレを取り返してきたことになっています。日本では素戔嗚尊（スサノオノミコト）が「母に会いたい」と連日泣き続け、統治を任されていた海原を放り出していたため青山が枯れ、川や海の水は荒れて乾いてしまったため、追放されたという記述があります。6カ月ほど母の胎内にいたディオニュソスはともかく、伊弉諾（イザナギ）の鼻から生まれた素戔嗚尊の「母」って誰なのか、と不思議な気になりつつ、これらも一瞬のエディプス・コンプレックスなのか、それとも単なる「マザコン」か。

▼アンティゴネの死

放浪の旅に出たオイディプスとアンティゴネは、アテナイに辿りつき、テセウス王の手厚い庇護を受け、オイディプスはコロノスの聖地で生涯を終えました。テセウス王は土地の守り神としてその墓を聖所と定めたそうです。父を亡くしたアンティゴネは故郷のテーバイに戻ったのですが、兄のポリュネイケスが王座を取り戻すため、隣国の助けを借りてテーバイを攻撃。前述のようにエテオクレスと対峙して、相打ちということで兄弟２人とも死んでしまいます。この兄弟二人を後ろで操っていたクレオンは、目論見どおり王位に。

クレオンは城外に横たわる多数の敵の屍を葬ることを禁じました。「葬ることはまかりならん。始末は鳥や犬に任せよ。万一命令に背くものあらば、即刻死罪に処す」と命じました。

敵とはいえポリュネイケスはアンティゴネにとって血を分けた兄なのです。鳥につつかれ犬がかじるまま朽ちていくのをそのままにしておくことは耐え難いことでした。城門を開けさせると自ら城外へ。

「生前いろいろあったにせよ、遺体には何の罪もないはず。埋葬されない遺体は永久に浮かばれないというのに」

アンティゴネは兄の遺体にせめてもと土をかけたのです。

クレオンは慌てました、厳命を破ったのは他ならぬ姪なのですから。親族の情に流されては王の権威と面目が失われてしまいます。それでなくともクレオスの立場は危ういものですから、ここで私情にとらわれるわけにはいきません。

フレデリック・レイトンによる「アンディゴネ」

アンティゴネは「叔父さまの命令には背いたかもしれませんが、兄弟愛や死者への礼はもっと上におられる神々の示されるものではありませんか。私は神々の掟に従っただけです。罰したいとおっしゃるなら、どうぞご自由になさってくださいませ。神々に対して恥ずべきは私ではなく叔父上、貴方ではありませんか？」というような経緯で、アンティゴネは生きたまま地下の墓場に葬られたというのです。

▼ヘーゲルの解釈

皮肉なことにクレオンの息子ハイモンとアンティゴネは、オイディプス王が健在の時に婚約していた仲でした。アンティゴネが放浪の旅に出た後も変わらぬ思いを抱いていたハイモン。テーバイに戻ったアンティゴネに寄せる想いは同じでした。彼女が地下の墓場に埋められたことを知ると「一人にはしない」と後を追いました。

そして息子が死を選んだことを知ったクレオスの妻イスメネも、後追い自殺。

権力に固執したクレオンは、孤独な晩年を送り、テセウスによって討ち取られたとされます。その後テーバイの王位を継いだのは、ポリュネイケスの息子テルサンドロスでした。

アンティゴネはソフォクレスの代表作『アンティゴネ』が最も有名です。盲目となった父への献身、戦場で亡くなった兄への情、神々への敬意と人間の作った決まりごと（この場合は叔父クレオンの「埋葬を禁じる」という命令）の間で苦悩するアンティゴネは、後の哲学者ヘーゲルによって「人倫」

の象徴とされました。

宗教、法、情の間で揺れ動く人の心はどの時代でもみられるものです。歴史好きだったというヘーゲルがギリシア神話に見出した難問。ヘーゲルの慧眼のおかげなのか、それともこの神話の作り手たちがすでにこの問題に気づいていたのか……。ＡＩが進歩して人間と同等になるとされるシンギュラリティも遠い話ではなさそうですが、この宗教・法・情の間の葛藤をＡＩはどう解くのでしょうか、とても興味のある問題です。

▼呪われたテーバイ

さて、なんともドロドロしたテーバイ王国はギリシア神話で頻繁に登場するところです。

どうしてこのややこしい悲劇が続くのかというのには理由がありまして、テーバイを築いたカドモスの話から。

妻はハルモニアという軍神アレスとアフロディテの娘でして、彼らの結婚式はオリンポスの神々が列席した最初のものとされます。ですから贈られたプレゼントは豪華絢爛なもの。アテナの贈り物ペプロス（長衣）とヘパイストス作の首飾りは、身につけるたびに美しさと気品を与えてくれるという素晴らしいものでした。しかし、実はアテナとヘパイストスの二人が長衣に呪いをかけ、子孫たちを呪ったという説があるのです。ヘルメスの竪琴、デメテルの豊饒はいただいても大丈夫だったようですが……。

子宝に恵まれた二人の間には、アウトノエ、イノ、セメレ、アガウエーの四人の娘とポリュドロスという息子が生まれます。ところが子孫への呪いのためかセメレとイノーはヘラの怒りをかったために命を落とし、アウトノエの息子はアフロディテの水浴姿をうっかり見てしまったために呪い殺され、アウガエーの息子はテーバイの王位を継ぐも、ディオニュソスによって狂気にされた母や叔母に殺されるという悲惨さ。

そのディオニュソスはセメレとゼウスの息子です。なんともおどろおどろしいことで。

これもしアテナとヘパイストスの呪いだとしたら、カドモスはアテナの像を建ててテーバイを建国したはずなのに、どうして祟られるのでしょう。それともはるか昔に泉の番をしていた大蛇を殺されたアレスの怒りなのでしょうか。でもその時にカドモスは、連れていた部下の全てを大蛇に殺されてしまったというのに、ほんと神の御心というか「気まぐれさ」は不可解ですな。

アポロドロスによると、カドモスとハルモニアは大蛇となり、ゼウスによってエリュシオンの園に住むことを許されたということですから、お疲れさまでしたということになるのでしょうね。

7　ペルセウスの物語

地上で人間がややこしいことを繰り広げていますが、司るはずの大神ゼウスは “Let it be!” と人間任せ、そして得意の女性漁りは相変わらずです。

▼「ダナエ」と黄金の滴

アルゴスという国のアクリシオスという王様には「ダナエ」という美しい娘がおりました。目の中に入れても痛くないほど可愛がっていましたが、後継は男子でなければなりません。「なぜ男の子に恵まれないのだろう」と思い悩んだ末に、アポロンの神託を受けようと決意します。

神の声を聞くのが神託で、伝えるのは巫女（処女から老婆までさまざま）。でもこの巫女さんたち、ハイになってお告げを語るのですから、常人には「？？？？」というものも多かったようです。そこで重要なお役目を果たすのが通訳。これもかなり怪しい気が……。通訳によっては、貢物で扱いを決めていたかもと思うのは邪推かしら。

巫女と審神者といえば、どうしても神功皇后と竹内宿禰（すくね）が浮かびます。

神功皇后は、日本の神話というか『古事記』・『日本書紀』にも登場する最強の女性。明治時代の改造紙幣に肖像が使われていて、これ日本の女性肖像紙幣の最初だとか。14 代仲哀天皇のお后で 15 代応神天皇のお母様。神から（天照大神の意思を住吉三神から伝えられたもの）朝鮮半島を制圧するように命じられたとして、妊娠中にもかかわらず兵を率いて三韓征伐。出産を遅らせるために美しい石（月述石）を腰に巻いたとか産道を石で塞いだとか伝わります。

息子の応神天皇は神との間の子とされ、皇后聖母として扱われていました。もしかしたら応神天皇はゼウスの子なのかも。実際は長男ではなかった応神天皇の地位を高め、地位を継承する正当性を主張するためのものだったのかもしれません。

そういえば紀元前 356 年生まれのマケドニアのアレキサンダー大王も、母親のオリュンピアス（エペイロス王女）は「ゼウスの子」と主張していたようですよ。夫のピリッポス２世はヘラクレスを祖とする家系、母オリュンピアスはアキレウスが祖という血筋です。

オリュンピアスは、熱心なディオニュソス信者だったとされますから「ゼウスの子」と称したのも頷けます。

神功皇后が実在の人物か否かについては諸説ありますが、ともかくスケールが大きくて興味を惹かれるお方です。神の神託を伺う時に審神者を務めたのが、竹内宿禰でした。チャンスがあったら『女龍王神功皇后』（黒岩重吾著、新潮社）でもご参照ください。

さて、数多い神殿の中でもパルナッソス山にあるデルフォイのアポロン神殿が一番人気でした。人生の節目には訪れるのが習慣になっていたとされますから、熊野詣でやお伊勢参りのようですね。神妙に神託に耳を傾けるアクリシオス。

「そなたは必ず立派な後継者に恵まれるであろう。娘のダナエが産む子である」

ホッと胸をなでおろしたアクリシオスでしたが、その後がいけません。「しかし」、「が」とか「しかし」英語でいえばHoweverやAlthoughなどの単語が出ると前文を否定する要素が続くのが定石です。「しかし、その子によってお前の命は奪われることになる」……孫に殺される！

後継は欲しいが、自分の命のほうが大事という王は、ダナエに子供を産ませないためにも外部との接触禁止。犬や猫、鳥でも♂はダメという徹底ぶりで高い塔に閉じ込めてしまったのです。面会できるのは、乳母一人のみ。かろうじて外界を覗けるのは、高いところにある格子付きの小さな窓だけでした。

年月が流れるうち、ダナエは成長し美しさにも拍車がかかっています。高かった窓にも背が届き自分の目で外界を覗けるようになっていました。まぁ、見渡しても空か雲しか見えなかったかもしれませんけどね。ある日のこと、窓際の彼女が雲の上のゼウスの目に止まります。

「あのような美女が一人で、さぞ寂しかろう。慰めるのは神の務め」と勝手な言い分で自身を納得させると、何にでもなれるゼウスですから、金色の小さな雨粒となって想いを遂げてしまいます。

このダナエと黄金の滴は、人気のテーマですからどこかで誰かの作品を目にしているかもしれません。雨の滴を金貨で表現したのはティツィアーノ。とはいえ、2000年以上前から描かれていました。

「ダナエと降り注ぐ黄金の滴」
BC450~BC425　ルーブル美術館所蔵

▼雨粒からできたダイナとゼウスの息子「ペルセウス」

万全を期して塔に閉じ込めていた娘のお腹は順調に膨らんで、めでたく男子誕生。これを知ったアクリシオスは怒り心頭。ゼウスの子と聞かされても、御身大切から「殺してしまえ」とわめき散らします。必死で息子を守ろうとするダナエもろとも「海の藻屑と消えてくれ」と箱に押し込んで流してしまったのです。

母子はどうなる……ですが、心配には及びません。なにしろゼウスがついています、数日後セリポス島の海岸に無事に流れ着きました。そして島の王の弟である漁師のデクテュスに助けられ、静かに暮らすようになりました。

セリポス島で、「ペルセウス」と名付けられた息子もスクスクと成長。順風満帆と言いたいところですが、デクテュスの兄ポリデクテュスがダナエに魅了されて言い寄るのです。

「息子が可愛かったら、言うことを聞いたほうが良いぞ」

これ洋の東西を問わず、醜男の権力者の決まり文句のようですね。息子のペルセウスは勿論、反対です。父は大神ゼウスと聞かされていましたから、ゼウスが母を見捨てるはずなどないと信じていたからです。

ポリデクテュスはそんなペルセウスが邪魔で、邪魔でたまりません。なんとか痛い目にあわせようと策略を巡らせた結果、王はオイノマオス王の娘ヒッポダミアとの婚約を発表し、祝宴に島中の家長を招待すると発表します。

招待されたからには手ぶらというわけにはいかないのは何処も同じです。これ、何も持っていないペルセウスに母親を差し出させようとした王の悪知恵でした。

宴の日、ペルセウスは手ぶらで出席、「何も持ってこないのか」と嘲笑される中、ペルセウスは答えました。

「王の望まれるものを伺ってからと思いましたので」

「何でもか？」という王。しかし、島中の家長の前では、母親をというわけにいきません。「では、ゴルゴンの首では？」

「わかりました。取ってまいりましょう」

見たもののすべてを石に変えてしまうというゴルゴン（メデューサほか三姉妹24頁参照）の首。「どーせ、ペルセウスは石になるに決まっている。これでダナエは俺のもの」と王は内心「シメタ！」と喜んだことでしょう。

▼ペルセウスのメデューサ退治

「ゴルゴンの首を取って来るとはいったものの、さてどうすれば良いのだろう」というペルセウスに強い味方が現れます。

「ぜひ成功して欲しいもの」というアテナが、青銅の盾とヘルメスの空を飛べるサンダルを貸してくれたのです。そのうえゴルゴンの居場所を知るには、グライアイ三姉妹を訪ねるのが一番と教えてくれたのです。ゴルゴン三姉妹の首を取るなら不死ではないメデューサを狙うべきで、見たものすべてを石に変えてしまうメデューサを直接見ないように、退治する時にはピカピカに磨かれたアテナの盾を鏡にしてメデューサを倒しなさい、という力強い助言まで与えられたのでした。

ペルセウスは、三人で目と歯を共用しているヘンテコな姉妹からゴルゴンの居場所を聞き出すと、逸る心を抑えながら西の果てに向かったのです。

途中で天空を支えるアトラスや黄金のりんごの樹を守るラドンに出会い、ニンフたちからもメデューサ退治を応援され、冥界のハデスからは姿を隠す兜、特別な袋（キビシス）を授かりました。

ゴルゴンの住む西の果ての洞窟を目指すペルセウス。進むにつれて石の数が増えているのがわかります。「これは、ゴルゴンを見たからなのか！」ついに洞窟を発見したペルセウスは、ハデスの兜で姿を隠して中へ。

いつの間に現れたのでしょう、心強い味方のアテナに手を引かれ、盾の裏側に映るメデューサに近寄って一気に首を落としたのです。そして首を見ないように最新の注意をはらって、そっとギビシスに入れると母の待つセリポス島へ。

「メドゥーサの頭を持つペルセウス」
アントニオ・カノーヴァ
1800年ごろ　バチカン美術館所蔵
@Christopher P. Michel - rome
2010年5月27日

首を切られたメデューサの血から、天馬「ペガサス」と「クリュサオル」という巨人が生まれたとされます。クリュサオルは、オケアノスとテテュスの3000人の娘たちのひとり。カリロエとの間に、3頭の怪物ゲーリュオンと上半身は凄い美女だけど下半身は蛇、背中には翼が生えているエキドナのような怪女を産み出したとされます。

▼ペルセウス、生贄の女性「アンドロメダ」を救う

ヘルメスのサンダルのおかげで空を飛んでいるペルセウス。エチオピアあたりの上空から海岸で泣きじゃくる乙女の姿を目にします。父親はあのゼウスですから、悲しむ乙女を目にして知らん顔などできるはずはありません。「どうされました？」と思わず声をかけました。するとこの国の王妃カシオペアが海の神の娘ネレイデスより美しいと言ったことで、海の神の怒りをかい、水害や嵐、怪物に襲われるなどしたため、神のお告げによって娘の「アンドロメダ」を生贄にするところだというではありませんか。

一目でアンドロメダを気に入ってしまったペルセウス、「私が怪物を退治しましょう。そして成功したら、彼女を私の妻に」と申し出たのです。

アンドロメダは国王の弟と婚約中でしたが、そんなことをとやかく言っている場合ではありません。

「アンドロメダを救うペルセウス」
パオロ・ヴェロネーゼ　1576-1578 年
レンヌ美術館所蔵

「とにかく助けてくれ」と国王夫妻が叫びました。海から姿を現した怪獣に立ち向かったペルセウスは、見事にこれを退治。生贄にされる娘を救うという逸話、我が『古事記』にも。素戔嗚が八岐大蛇を退治して櫛名田比売を救い、大蛇の尻尾から三種の神器の一つとなった「草薙の剣」を手に入れたのとよく似ています。ヒーローは美女を救うというのはお決まりですもの。

アンドロメダにしても、根性の悪そうなオジさんよりニンフたちにも人気の美男子のほうが良いに決まっています。めでたく婚礼と相成りますが、おさまらない元婚約者ピネウスは「メデューサの首なんて、嘘だろう？　どーせ、どこかの嘘つきの流れ者だろう」と因縁をつけ、仲間と共にペルセウスを襲ったのです。

落ち着き払ったペルセウスは、「この袋の中にメデューサの首が入っている。見たものは石になるだろうが、見たいと言うなら見せてやろう。私を信じるなら良いと言うまで固く目を閉じていて欲しい」と言い、首を取り出したのです。疑った人々は一瞬のうちに石になってしまいました。再びキビシスに首を入れて、しっかりと閉じたペルセウス。めでたくアンドロメダを連れて島に戻りました。

▼アテナに借りた盾は「イージス」

ちょうどその頃、母のダナエは「ペルセウスは、とっくに石になっているさ」としつこく言い寄る王から逃れて祭壇に隠れていました。捕えようとする王に追いかけられていたのです。あわやというところでペルセウス登場。王にしてみれば信じられないことでした。「メデューサの首はどうした？どうせ怖くなって逃げて来たのだろう。私の欲しいものはなんでもと言ったではないか」と責め立てます。
「では、メデューサの首をお目にかけましょう。この場においでの方々で私を信じてくださる皆様はどうか目を閉じていてください」と言うペルセウスを一笑に付した王と側近はたちまち石に。王様が石になってしまったので、恩人である弟のデュクテスが国王となりました。

ペルセウスはアテナに借りた武器を返却し、メデューサの首を捧げました。

さすがのメデューサの首も時間の経過と共に効力を失い「賞味期限切れ」になったようでして、直視しても大丈夫だったようですよ。なんだか臓器移植みたいですけどね。

アテナはこの首を盾の飾りとして埋め込み、蛇は鎧の飾りに使われました。この加工をしたのはヘパイストスしか考えられませんね。

ちなみにアテナの盾はアイギス……つまりイージス、イージス艦、イージス・アショアといえばお分かりでしょう。もともとはありとあらゆる災厄・邪悪を払う魔除けの盾だというのに、下手をすると「戦争」や「紛争」という災厄を招きかねないものの名称になってしまって、アテナ様は納得していらっしゃるのかしらね。

セルポス島で「ぜひ王位に」という申し出を固辞したペルセウスは、母ダナエとアルゴスを目指したのです。娘とその子ペルセウスが戻ってくると聞いたアクリシオスは、命を惜しんで逃げ出してしまいます、誰にも行き先を告げずに。

▼アクリシオスに対する神託は実現された

ペルセウスは船旅の途中、立ち寄る先々で大歓迎を受けました。なにしろあのメデューサを退治した英雄です。ひと目見ようと押しかける民衆は数しれず、「ぜひおもてなしを」「私どもにお立ち寄りください」といった申し出はひっきりなしというわけで、立ち寄るとは言えどうしても滞在は長くなりがちです。

ラリッサという街に立ち寄ったときのこと、ちょうど亡くなった先王の供養の競技会が開かれるという時期でした。なぜ競技会が供養なのかというと、男達の美しく逞しい身体、優れた運動能力を披露することは神々に対する最高の捧げ物と考えられていたからです。ナイスボディの競技会に喜ばれた神々が、亡くなった人の魂を暖かく迎えてくれるものと信じられていたのです。

「ペルセウス様もご参加くださいませんか？」と誘われ、円盤投げに参加することになりました。投じた円盤は風に流され（突然の風は西風の神様ゼピュルスの仕業でしょうね）観客席の方向へ。そこには人混みに紛れていれば見つかりにくいだろうと考えたアクリシオスの姿があったのです。円盤はアクリシオスを直撃、神託は実現されてしまいました。

亡くなった観客が父であると気づいたダナエ、ペルセウスは事故とはいえ祖父を殺してしまったことになるのです。王位を継いでも良いはずのペルセウスでしたが、どんな事情であれ、先王を殺してしまった自分が継ぐわけにはいかないと親戚筋のティリュセンスの王メガペンテスにアルゴスを託し、自分は小国ティリュセンスの王となります。つまり国を交換したということです。

神に愛されたペルセウスの統治の下、ティリュセンスは周辺の国家を統合し、ペルセウスはミュケナイ王家の創始者となりました。

ただ半神半人のペルセウスには永遠の生命はありません。プロイトスの息子メガペンテスによって殺されたという説のあるペルセウスは、死後アテナによって天に上げられペルセウス座となりました。

お隣にアンドロメダ座、アンドロメダ星雲、カシオペア座があります。そしてペルセウスは星座となっても、メデューサの首をしっかりと握っているのです。

Perseusu and Caput Medusae
シドニー・ホール　1825 年

8　ヘラクレス誕生まで

▼「アムピトリュオン」と「アルクメネ」と牝狐伝説

ペルセウスとアンドロメダの子供達は、ゴルゴポネ、ステネロス（ティリュンス王）、アルカイオス、エレクトリュオン（ミュケナイ王）、ペルセウス（父と同名、アンドロメダの故国エチオピアの王）、ヘレイオス、メストル……。

アルカイオスの息子「アムピトリュオン」は、従姉妹であるエレクトリュオンの娘「アルクメネ」と婚約中でした。

この頃牛の所有権を巡ってタポス島の人々との間で戦争が続き、９人の息子のうち８人を戦死させていたエレクトリュオンが、「今度こそ、目にもの見せてくれるわ」と出征したときのこと、牛を制御しようとアムピトリュオンの投げた棍棒が牛の角に当たって跳ね返りエレクトリュオンに命中、あろうことかエレクトリュオンの生命を奪ってしまったのです。

王の兄弟であるステロネスは、「意図したものではないにせよ、王を殺したのは重罪」とアムピトリュオンに国外追放を命じました。婚約者のアルクメネはアムピトリュオンに従って、テーバイへ亡命。テーバイの王クレオンは、ペルセウスの孫である二人を歓迎します。アムピトリュオンはクレオンの勧めにより、アルクメネとの結婚を実現させようとするのですが、アルクメネにしてみればアムピトリュオンは、事故とはいえ「父を殺した人物」でもあるのです。せめて父の遺志を実現させて欲しいと、兄弟を殺したタポス島の人々に復讐することを結婚の条件としたのです。

アムピトリュオンはクレオンに協力を要請。すると、テーバイに出没して人々を苦しめている牝狐テウメッサを退治することが条件として持ち出されたのです。人々を襲っていた牝狐は、誰にも捕まえることができないという運命の持ち主でしたから、テーバイでは暴れないようにと、定期的に犠牲を捧げるしかありませんでした。

アムピトリュオンは苦労の末、この牝狐をめでたく退治。というか実際はゼウスのお力ということになるかもしれません。というのは、アッティカのケパロスの愛犬ライラプスは「どんな獲物でも捕まえることができる」という運命の持ち主。ライラプスを借りたアムピトリュオンは狐狩り開始。犬と狐の追いかけっこが延々と続きます。狐が捕まることもライラプスが獲り逃がすことも、それぞれの運命に反してしまうからでした。

永遠の追いかけっこを続けさせるわけにもいかず、ゼウスが両者を石に変えてしまったのです。

狐と石、日本にも伝説がありますよ。那須の観光名所「殺生石」。鳥、獣、人間と近づくあらゆる生き物の命を奪うという怖い石。正体は金毛九尾の牝狐。中国神話の妖怪がなぜか日本にやって来て、平安時代に鳥羽上皇が寵愛した玉藻前という美女になりすまして上皇を操っていたところ、陰陽師安倍泰成（清明説あり）に正体を見破られ逃亡。上総介広常、三浦介義純の二人の弓の名手によって退治され、殺生石となったという伝説。玉藻前は鳥羽上皇の寵愛を良いことに保元平治の乱を引き起こした美福門院がモデルとされますから、伝説にはどこか真実が含まれているようです。

▼またもゼウス様の仕業

牝狐退治に成功したアムピトリュオンは、協力してくれたケパロス、パノペウス、ヘレイオスなどを味方にし、さらにクレオンからの援軍と共にタポス島の人々との戦闘に向かうことになります。ここでまた事態をややこしくしてくださるお方が登場。雲の上のゼウスです。

「あれがペルセウスの孫のアルクメネか。美人になったなぁ。彼女に子供を産ませてミュケナイの王とするのも一興か」と、お近づきになるための策をあれこれ思案するのです。でも面倒になったようで、ほとんどゼウスの「お使いブル公」というか秘書というか便利屋のヘルメスに「何とかせい」と丸投げしてしまいます。

ヘルメスによるとアルクメネはとても貞淑で誠実な女性で、アムピトリュオン以外の男には目もくれないのでつけ入る隙など全くありませんというのです。

「フゥ〜ン、それならことは簡単ではないか。アムピトリュオンになれば良いのだろう」

空から眺めるとアムピトリュオンは、戦闘の真最中。「これは好都合」とゼウスはアムピトリュオンに姿を変えてアルクメネの寝所へ。

前触れもなく帰還したアムピトリュオンに驚いたアルクメネでしたが、喜ばしいことでしかありません。アムピトリュオンに変身したゼウスは、戦話を聞かせるなどしてアルクメネと長い時間を過ごしたのです。一説によると夜の長さを３倍にしたりして。規則的に自転している地球の立場はどうなる！という思いは横に置いてね。でも神様ってすごいわ、昼夜の時間は自由自在、ドローンがなくても天井から様子を伺えるなんて、どんなＩＴやＡＩも叶わないでしょうね。ゼウスにしてみれば、ミサイル撃つより雷を投げつけるほうが早いし、正確ですものね。

で、その夜、身ごもっちゃったアルクメネ。

あろうことかあるまいことか、翌日には本物のアムピトリュオンがご帰還。昨夜と同じような光景が繰り広げられるデジャブに戸惑うアルクメネ。妻の様子がおかしいことに気づいたアムピトリュオンでしたが、どうやら神の仕業であるらしいと察するのです。

人間の男なら断じて許せることではありませんが、神が相手であるならばむしろ名誉なこと。一時は怒りを覚えたアムピトリュオンでしたが、神の子なのだから大切に育てなければと考えるようになりました。

ゼウスはその殊勝さに対する褒美として、最初に生まれる子がペルセウス一族の長になると宣言します。神がチョッカイを出したのならむしろ名誉なことという考え、ずっと下ってヨーロッパでよく見られる「権力者に妻が望まれたら出世に繋がる名誉なこと」とされるのに繋がっているように思えます。

これを聞いたゼウスの正妻ヘラは面白くありません。娘でお産の女神であるエイレイテュイアに「同じペルセウスの子孫のステネロス王の子供を先に出産させて」と命じます。神の言葉は絶対ですから、ゼウスが「最初に生まれる子」と宣言した以上「最初に生まれる子」が一族の長になるということは変えることはできないのです。どこかの国の政治家のように「前言を撤回してお詫びします」というのはあり得ません。だけどゼウスもちょっと迂闊だと思いません？「アルクメネから生まれる子」と言っておけば確実だったのに……。でもそうなるとペルセウスの冒険譚がなくなってしまいます。という次第でとても良く出来たお話というワケ)。

▼どちらが我が子？

ステネロス王には早産で男の子が誕生、ペルセウス一族の長とゼウスが運命付けたエウリュステウスでした。１週間ほど後、アルクメネもアルケイデスという男の子を、翌日にはイピクレスという男の子を出産。父親の違う兄弟それとも双子？　こういうことってあるのかな、という疑問はさておき、先へ。アムピトリュオンは２人とも大切な子と思ってはいるものの、どちらが自分の血を分けた子であるのか悩みます。

アムピトリュオンの息子から目論見通りペルセウス一族の長の地位は奪ったものの、いまだに腹立ちの治らないヘラは、ゼウスの子を殺そうと２匹の蛇を双子が寝ている籠に送りこみました。侍女たちは悲鳴をあげて逃げまどうばかり、騒ぎを聞きつけたアムピトリュオンが剣を握りしめて部屋に入ると、目の前ではとんでもない光景が。生まれたばかりというのに、アルケイデスが蛇を真二つに引き裂いてしまっていたのでした。

「こ、これは」アムピトリュオンはアルケイデスがゼウスの子であると確信した瞬間でした。

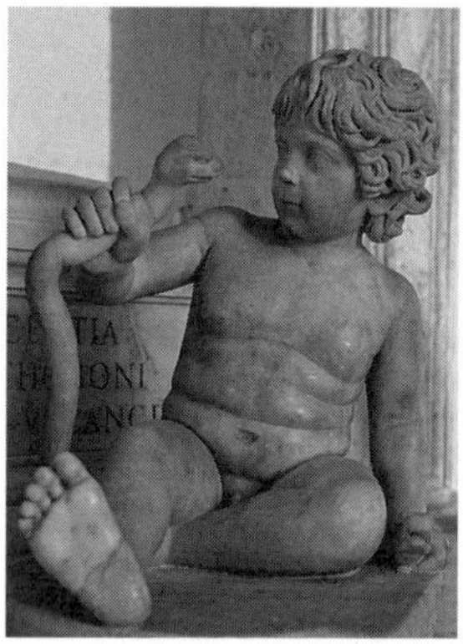

ヘラクレス(「アルケイデス改め」)と二匹の蛇の像
ローマ・カピトリーノ美術館

▼天の川はヘラの乳でした

蛇騒動の後、アルクメネの心中にざわざわと広がった不安、「もしかしたらヘラ様のお怒りがこの子に向けられているのでは」。盲目の予言者ティレシアスに息子の神託をたずねたところ、「その息子を一度野に捨てよ。さすればその子の将来は開けるであろう」というものでした。「捨てる？　そんな酷いことを」。ですが神託は絶対です。アルクメネがその言葉に従うと、ゼウスの言いつけでヘラを連れたアテナが姿を現しました。

女同士でお散歩ということだったのでしょうね。アテナはヘラからゼウスの愚痴を聞かされていたのかもしれません。

打ち合わせたとおりアテナは、「あら、かわいそうに捨て子のようだわ」と赤児を指さしました。お腹が空いているのか、泣きじゃくる赤ん坊、見かねたヘラが乳を与えることにしたのです。ヘラはいつでも授乳が可能だったようです。これも深く追求するのはやめておくことに。

実際にお腹が空いていた赤ん坊は、ゴクゴクと乳をのんだのですが、あまりに強く乳を吸うので、思わず赤ん坊を引き離したヘラの乳があたりに飛び散り「天の川」(Milky Way）となり、地上に落ちた乳は白百合になったといわれます。

ヘラの乳を飲むことは「不死の力」を得ることですから、これはゼウスの計り事でもありました。知らぬこととはいえ、アルクメネの息子に乳を与えてしまったヘラは腹いせでしょうか、後々までアルケイデスに意地悪をするのです。ここで不思議なのは、赤児とはいえ憎む相手の顔もわからなかったこと。深く追求するのはやめておきますけど。

「The Origin of the Milky Way」　ピーテル・パウル・ルーベンス
1636~1637 年　プラド美術館蔵

▼アルケイデスは「ヘラクレス」と改名

父のアムピトリュオンから戦車の扱いを、アウトリュコスからレスリングを、エウリュトスから弓術を、カストルから武器の扱いを、ケイロンから武術を、リノスから竪琴をという英才教育で、アルケイデスは勇猛な若者に成長します。

ヘラの気まぐれな意地悪でアルケイデスは瞬間狂気に襲われることがあり、竪琴の師リュノスを殴り殺したり、自分の息子と弟イピクレスの子供を炎に投げ込んだりという悲惨な事件を起こすことがありました。

このように我を忘れた暴挙を働くのはなぜか？　アルケイデスはデルフォイに赴き、アポロンの神託を受けたところ「ミュケナイのエウリュステウス王に仕え、10の役目を果たせ。またそなたの名をヘラクレス（ヘラの栄光）と改めよ」というものでした。

9　ヘラクレス10＋2の冒険

▼冒険の始まり

ミュケナイのエウリュステウス王は、ヘラの妨害によってアルケイデスに代わってペルセウス一族の長となった男ですが、出来の悪いバカボンで執念深い上に卑怯な輩でした。そんな王のもとにやってきたのがアルケイデス改めヘラクレス。しかも神託によって10の役目を果たさなければならないというのです。

表向きはヘラクレスを歓待したエウリュステウスでしたが、内心は「地位を狙っているのでは」と疑心暗鬼。「お仕えして10の役目を果たします」と聞いたときには「しめた！」と小躍りしたい気分だったでしょう。

これがヘラクレス武勇伝の始まりです。そういえばHerculesはフランス語でエルキュール、アガサ・クリスティの探偵ポワロ氏のお名前ですね。「ヘラクレスの難業」（The Labours of Hercules）という作品がありますが、おそらくギリシア神話にインスピレーションを得たのでしょう。

▼冒険１　ネメアの獅子

エウリュステウスの最初の難問は、ネメアの獅子退治。

鋼鉄のような牙と青銅のように硬い皮を持つ獅子。テュポンとエキドナの間に生まれたとされ家畜だけではなく人間までをも食い殺してしまうので、ネメアの人々を震え上がらせていました。

「ネメアの獅子と戦うヘラクレス」ピーテル・パウル・ルーベンス　1577-1640　マサチューセッツ州ケンブリッジ、フォッグ美術館所蔵

矢も槍も役には立たない丈夫というか頑丈な獅子、ヘラクレスは棍棒と素手で戦い３日間の激闘の末獅子を絞め殺しました。なにしろ生まれてすぐに蛇を裂いたという怪力の持ち主ですからね。

獅子の皮は獅子の爪で加工され、頭部を兜とした鎧となり、ヘラクレスの愛用品となりました。なにしろどんな武器も歯が立たないというのですから。獅子頭の兜をかぶっているヘラクレスの画は、数多く残されています。

▼冒険２　ヒュドラ退治

獅子を退治したヘラクレスが歓呼の声に迎えられると、「こんなはずじゃあ」とエウリュステウスは猛毒を持つ９つの頭の蛇ヒュドラ退治を命じました。

このヒュドラもテュポンとエキドナの子供です。レルネーの沼に住み、ヘラがヘラクレスに対する恨みの感情で育てたとされ、触れただけで生き物は絶命するという猛毒の持ち主。その吐く息でも毒気は十分、しかも頭は９つ、その頭の一つは不死！　ヘラクレスは付き従ったイオラオス（兄イピクレスの息子ですから甥っ子）と共に、口と鼻を覆って戦いました。

ヒュドラの頭を鉄のカマで切り落とすヘラクレスでしたが、切っても、切っても再生してしまうのでキリがありません。イオラオスは松明の炎で切

「ヘラクレスとヒュドラ」
アントニオ・デル・ポッライオーロ
1475 年頃　ウフィッツィ美術館所蔵

「ヘラクレスとレルネのヒュドラ」
ギュスターヴ・モロー 1876 年　シカゴ美術館所蔵

り口を焼き、再生を防ぎました。最後に残った不死の頭は岩の下に埋めて、ヒュドラ退治も成功。ヒュドラは海蛇座となって天空に。

この戦いでもヘラはヒュドラに加勢するように巨大なカニを送ります。カルキノスというこのカニ、ヒュドラとは同じ沼に住んでいたお友達でした。ヒュドラとの戦いを見ていたカニは助太刀のつもりだったのでしょう。「切ってやるぅ」とヘラクレスの足を挟んだのですが、振り払われて踏み潰されるというあえない最期を遂げてしまいました。勇敢にもヘラクレスに挑んだカルキノス君は天に上げられカニ座となりました。

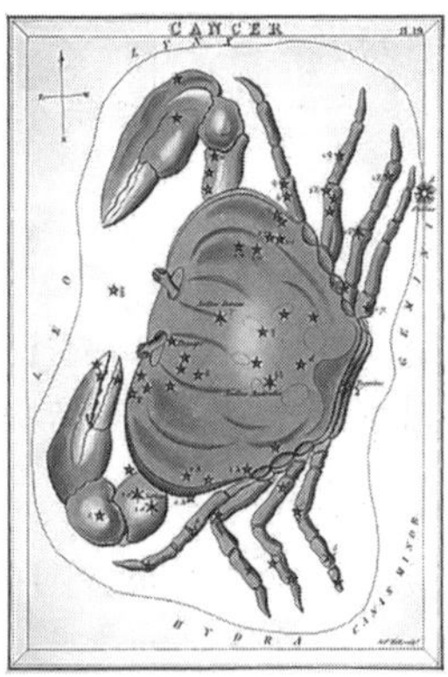

カニ座
シドニー・ホール　1825 年

この成功にエウリュステウスはイチャモンをつけます。従者の助けを借りたのだからこれは無効、と言い張ってカウントされないことになりました。でもヘラクレスはちゃっかりとヒュドラの猛毒をゲットしていましたから、この猛毒を矢に塗って使えることになりました。つまり強力な武器が一つ増えたことになります。

▼冒険3　ケリュネイアの牝鹿

「ケリュネイアの鹿を捕らえるヘラクレス」BC540-530頃
左はアテナ、右はアルテミス

エウリュステウスの次なる課題は、黄金の角を持つケリュネイアの牝鹿を生け捕りにして見せろというものでした。牝なのに角、しかも黄金。この鹿には四頭の兄弟がいてアルテミスに生け捕られ、彼女の戦車を引いていました。なぜかこの牝鹿だけは狩猟の女神にも捕まえることができなかったため「聖獣」として保護され、傷つけることはアルテミスから厳しく禁じられていたのです。ヘラクレスはこの鹿を1年もの間追い続け、疲れたところで生け捕り成功。「何をやっているのよ」とアルテミスに咎められると、王に見せたら必ずお返ししますと約束をして、エウリュステウスに謁見。牝鹿は無事にアルテミスに捧げられたため、兄弟と一緒に戦車を引くようになったとか。この牝鹿もこんなはずじゃあと思ったかもしれませんね。

▼冒険4　エリュマントスの猪

またしても無事に生還してしまったヘラクレス。「予定と違うじゃん」。エウリュステウスのハラワタは煮えくり返っています。「今度こそ」とエリュマントスの猪を生け捕るようにという難題を。畑を荒らし、農民を殺している大猪です。人の住んでいるところに現れるというのですから、アーバン猪の祖でしょうか。

これも農民を助けることにもなるとエリュマントス山に向かったヘラクレス、途中で半人半馬のケンタウロスのポロスに出会います。そこでポロスがディオニュソスから預かっていたワインを開けてしまったのが予想外の災難に。芳醇なワインの香りが漂うと、ケンタウロスたちが集まってきました。もともと凶暴とされるケンタウロスのこと、酔いが増すほどに口論が激しくなり争いに。戦いの最中、ヘラクレスの放った矢が誤ってケイロンに当たってしまったのです。

ケイロンはケンタウロスの中で唯一穏やかで知的な存在であり、医学の父アスクリピオスの育ての親なのです。そのケイロンに当たった矢にはあのヒュドラの猛毒が……。どんな毒消しも効きません。不死の身であるケイロンは苦しむばかり。彼が苦しみから解放され冥界に入るには、同じように不死の身でありながら苦しい刑罰を受けている誰かを解放しなければならないのが神界のルール。世の中で刑罰に苦しんでいる者は多くても、「不死」ともなるとそう簡単に見つかるとは思えません。ケイロンはその「誰か」をなんとか探し出してくれるようヘラクレスに頼みました。

一刻も早く誰かを探し出すためにも、さっさと大猪を生け捕らなくてはなりません。大猪を見つけたヘラクレスは難なく捕えてしまいました。エウリュステウスの目論見はまたしてもハズレに終わったのです。

「大猪はもうよいから、次なる使命を果たせ」と言いつけたのは、（太陽神ヘリオスの息子とされる）エリスのアウゲイアス王の家畜小屋を1日で掃除するというものでした。家畜小屋の掃除、1日あれば十分じゃないの、なんて言うなかれ。3000頭の牛がいて30年間掃除をしていないというのですから、想像のつきようもない汚れ具合でしょう。牛たちもよく生きていたものだと思いますが、これはまた脇において……。

「ヘラクレスとエリュマントスの猪」BC550年頃
ロンドン大英博物館

▼冒険5　アウゲイアス王の家畜小屋

ヘラクレスの申し出を聞いたアウゲイアス王は「ほう、1日で掃除をしてくれるとな。もし本当にできたら、牛の1割を謝礼として進ぜよう」と約束をするのですが、アヤシイ感じがしませんか？　お腹の中では「できっこないさ」と思っているのですからね。

ヘラクレスはすべての牛を小屋から出し、小屋の壁に向けて溝を掘ると小屋の壁に穴を開けて川の水を引き込んで一気に洗い流してしまったのです。すっかり綺麗になった小屋に牛達も満足そうですが、牛の1割を褒美にといったアウゲイアス王は、ヘラクレスの行為はエウリュステウスの命令にしたがったものだから、小屋の掃除は自分のためではなかったと屁理屈をこねて褒美を渋ります。
「どうあろうと約束は約束、王としての立場をお考えください」と諫める息子ピュレウス共々追放してしまったのです。やっぱりね、そんな気がしていました。こういうズルい輩、結構いるものですよ。

▼冒険６　ステュンバロスの怪鳥

ヘラクレスが戻ると、次なる課題としてエウリュステウスが命じたのがステュンバロスの怪鳥退治でした。軍神アレスが育てたという怪鳥は人や家畜を襲って街を廃墟にしてしまうという勢いで、さしものヘラクレスが射っても、射ってもとても間に合いません。矢にしてもどれほど調達すれば良いものか、思案に余る難題です。
そんなヘラクレスの前に現れたのはアテナでした。「良いものを持ってきたわ」と差し出したのは、ヘパイストスの作った鳥追いの鐘。その鐘を鳴らして鳥達を驚かせ、その後何羽か射落とせば二度と近づかなくなると教えてくれたのです。効果はてきめん、怪鳥は一羽残らずどこかへ行ってしまい戻ってくることはありませんでした。

▼冒険７　クレタの暴れ牛

「なにぃ！　またしてもか！」
期待の外れたエウリュステウスはクレタ島の暴れ牛を退治するよう命じます。暴れ牛の傍若無人ぶりはすべて自分のせいだと打ち明けたのは、クレタの王ミノスでした。海から得たものは海神ポセイドンに捧げると誓っていた王の前に、突然美しい雄牛が海から現れたのです。誓いに従えばポセイドンに捧げるべき牛でしたが、あまりに美しくどうしても手元に置きたくなったミノス王は、代わりの牛を捧げ物にしたというのです。これがポセイドンの怒りに触れてしまい、美しい牛は手のつけられない暴れ牛となってクレタを滅ぼすまで暴れ続ける勢いだというのです。
神様との誓いや約束は、絶対に守らないととんだことになるようです。ですから「必ず」という絶対的な表現はヤメにして、「できるだけ」とか「気の向いた時に」とか、逃げ道を残したお約束をしておくのが安全かな。「そんな調子の良いこと」と叱られそうですが、こちらは不完全な人間です、「絶対」なんて要求されても絶対に無理なのですから。

もとはと言えば自分のせいと嘆き悲しむ王に頼まれたヘラクレス、素手で押さえ込んで難なく生け捕りにしてしまいました。

「クレータの牝牛と、それを捕らえようとするヘラクレス」BC510 年頃　ミュンヘン州立古代美術博物館

▼冒険８　ディオメデス王の人喰い馬

「またしても成功しただと！」

これまで煮え湯を飲まされ続けた気分のエウリュステウスは、トラキアのディオメデス王の人食い馬四頭を連れてくるようにと命じました。ディオメデスは荒っぽい戦闘の神アレスの息子で、旅人を捕らえては馬の餌にしていたという非道ぶり。

この頃にはヘラクレスの名声を聞きつけて、供を申し出る若者達が増えていました。一行はトラキアに向けて出発します。ヘラクレス一行が、夜露をしのげれば馬小屋でも構わないので一夜の宿をと願いでたところ、「馬小屋でも良いのならゆっくりしていけ」と馬小屋へ案内されました。

「ヘラクレスとディオメデスの人喰い馬」201 年と 250 年の間　スペイン・マドリード国立考古学博物館所蔵
Heracles and the Diomedes

数多い馬達の中で四頭だけ別の区画に。「あれが人食い馬か」と目星をつけたヘラクレス一行。すべての馬を奪って逃げ出しますが、ディオメデス王の軍勢に追われます。追っ手との戦闘の間、人食い馬の番をさせていたアブデロスという若者は見張っていたはずの馬の餌食に。ディオメデスを倒したヘラクレスでした

が、若者一人で人食い馬の見張りをさせたことは悔やんでも悔やみきれない出来事だったのです。生け捕りにしてこいと言ったエウリュステウスでしたが、人食い馬は「見えなくても良いから」とおよび腰、相当恐ろしかったようですよ。その後人食い馬はヘラの神殿で飼われるようになったということです。

▼冒険９　ヒュポリュテの金の帯

続くエウリュステウスの命令は、アマゾンの女王ヒュポリュテの金の帯。

ご存知のようにアマゾンは女性だけの国、「アマゾネス」といえば、おわかりになりますよね。男性が必要になるのは子作りの時だけ、行きずりの男や攫ってきた男などが利用（？）され、用が済むと追い出されるか、殺されるかという容赦のないところ。男の子が生まれると捨ててしまって女の子だけを育てていたという国でした。女性兵士は弓を引くのに邪魔になる右の乳房を切り落としていたというほどの徹底ぶりです。ヒュポリュテはアレスの娘といえばなんとなく想像がつくというもの。金の帯はアレスからの贈り物でした。

「ヒュポリュテの帯を手に入れるヘラクレス」ニコラウス・クニュプフェル　17世紀上半期
エルミタージュ美術館

島に着いたヘラクレス一行の強靭そうな肉体を見たアマゾネス一団は、「丈夫な子が生まれそう」と滞在を許可します。ヘラクレスが友好の印に女王の帯が欲しいと頼んでみたところ、自分達の間に丈夫な子を作ることを条件に承諾されたのです。戦いを覚悟してきたヘラクレスでしたが、ここでは思惑が外れてスムースにことが運ぶかに思えたのですが……。

そこでまたしてもヘラ様登場。なんとヒュポリュテに変身して「ヘラクレス達に騙されてはダメよ。彼らは国を乗っ取るつもりよ」とアジ演説。女性たちを騙して一行を襲撃させたのです。

突然の襲撃に驚いた一行は即座に反撃、「誤解です」と訴えるヒュポリュテをヘラクレスは怒りのあまり殴り殺してしまったのです。一行はアマゾン一族を壊滅させてしまいます。

冷静さを取り戻したヘラクレスは、潔白を訴えていたヒュポリュテの真剣な眼差しは嘘をついているとは思えなかったと後悔します。頭に血が上ると冷静さを失うヘラクレスなんて大神の息子とは言えないわ、とヘラだけは溜飲を下げていたのです。もちろんヘラクレスは金の帯を手にしました。

▼冒険 10　ゲーリュオンの牛

エウリュステウスは次なる試練としてゲーリュオンの牛を連れてくるようにと命じました。ゲーリュオンは「３人の男の体が腹でひとつになっていて、脇腹と太腿からは３つに分かれた体を持っていた」とか「６本の腕、６本の脚に翼が生えていた」と想像するにも難しい三頭三体の怪物でした。彼の飼っている牛の群れを守るのはエウリュティオンという牛飼いと、頭が２つあるオルトロスという牧羊犬。

ゲーリュオンの住まいは常人ではたどり着けないという西の果てエリュテ

古代ローマの地図の中世の複製
ポイティンガー図に表された
「ヘラクレスの柱」

「ヘラクレスとゲーリュオンの牛」
ルーカス・クラナハ　1537 年より後
アントン・ウルリヒ公爵美術館

イア島。向かう途中でアトラス山を横断するのが面倒と、近道をするために巨大な山を棍棒で真二つに。これで大西洋と地中海がジブラルタル海峡でつながったとされます。この時二つに分かれた山は「ヘラクレスの柱」と呼ばれています。

アフリカに到達したヘラクレスはあまりの暑さに腹を立て、太陽を射落とそうとまでします。これに驚いた太陽神ヘリオスが与えた黄金の盃に乗ってドンブラコと大洋を渡ったというのですが、盃に乗る？？？　これじゃまるでお椀に乗った一寸法師。盃というより船じゃなかったのかなぁと思いつつ、エリュテイア島に行き着いたヘラクレスは、あっという間にゲーリュオンとオルトロスを退治、牛の群れを連れて帰国の途に。

牛を連れて戻ったヘラクレスの気がかりは、ケイロンでした。これで10の試練が終わったはずでしたが、エウリュステウスの言い分によると、ヒュドラ退治は甥に手伝わせたし、牛小屋を掃除したのは報償目当てとして、ノーカウントを主張。あと２つの試練を課したのです。

▼冒険11　ヘスペリデスの黄金の林檎。救われたプロメテウスとケンタウロス座

続いての言いつけは、この世の果てにあるというヘスペリデスの園から黄金の林檎を持ってくるようにというもの。

この世の果ての伝説の地なんてどうすれば行き着けるのでしょう。ともかく西の果てを目指すヘラクレス。ふと気づくと辺りは岩だらけで目の前に大きなコーカサスの岩山が。見上げると頂きに磔にされ肝臓を鳥に啄まれている人の姿が……。

覚えておいででしょうか？　人間に火をもたらした罪で３万年の間、連日肝臓を食べられているプロメテウスのこと（44頁）。ヘラクレスはプロメテウスを救おうとしますが、「自由になるには不死身の誰かが代わりに冥界に行ってくれるしかない」と言われてしまいます。「不死身の誰か、つまり神でなければ」

ヘラクレスの頭に浮かんだのは毒矢に当たって苦しむケイロンの姿でした。ヘラクレスがプロメテウスの縛を断ち切った時、ケイロンは痛みから解放されました。天に昇ったケイロンはケンタウロス座となって輝き続けています。

縛からは解放されたプロメテウスですが、ゼウスの許しがなければ本当の意味で自由にはなれません。ヘラクレスはゼウスに祈りました、プロメテウスの罪を許して欲しいと。

答えたゼウスの条件は、ある女性の名を教えよ、というものでした。以前、ゼウスの存在を危うくするのは「父親より優れた子供」というハナシがあり、その子を産む女性の名をプロメテウスが教えなかったのです。ゼウスにはこれがずっと気にかかっていたことでした。

それはテレウスの娘、テティスでした。「あなたとの子供は必ずやあなたの地位を奪うでしょう」と明かされたゼウス。実のところテティスにも目をつけていたのですが、これでは諦めるしかありません。約束通りプロメテウスは、解放されて自由の身となりました。

お礼のつもりだったのでしょうか、別れ際にプロメテウスは黄金の林檎を取りに行くというヘラクレスに助言を与えてくれたのです。「ヘスペリデスはアトラスの娘達だから、アトラスに取りに行かせるのが一番だよ」と。

ヘスペリデスの園の近くで天空を支えているアトラス（38、40頁）に近づいたヘラクレスは、「代わりに天空を担ぐので、その間に黄金の林檎をとってきてくれませんか」と頼んでみたのです。林檎を守っているのは彼の娘達とラドンという100の頭を持つ竜ですが、アトラスが見咎められることはないはずだからです。

アトラスは引き受け、いとも簡単に林檎を取ってきました。が、また天空を支えるより自由の身でいたいと思ったとしても不思議ではありませんよね。ですから自分が代わりに林檎を届けると言い出したのです。

ヘラクレスはこうなることなど予想もしていませんでした。でもまあ、火事場の馬鹿力とでもいうのでしょうか、ヘラクレスは「わかった」と答え、天空を支えるために頭に円座を置きたいのでその間だけ支え

「ヘスペリデスの園」
エドワード・バーン＝ジョーンズ
1869~73　ハンブルク美術館蔵

て欲しいと頼みました。アトラスが支えた隙に、ヘラクレスは林檎を持ってトットと逃げ出したということです。

もしエウリュステウスがこれを知ったら、またノーカウントにしたかもしれません。林檎を受け取ったエウリュステウスは、ヘラの神殿に捧げたということです。

▼冒険12　地獄の番犬ケルベロス

「ヘラクレスとケルベロス」
ペーテル・パウロ・ルーベンス
1636年と1637年の間

そして最後のミッションは、地獄の番犬ケルベロスを連れてくることでした。ケルベロスは3つの頭を持つ犬で、ハデスが支配する冥界の番犬。3つの頭は交代で眠り、常にふたつの頭で見張りをしているとされます。でもこの恐ろしいワン公は、美しい音楽を聴くと眠ってしまうという微笑ましいところもあるんです。オルフェウスの竪琴で眠ってしまったのは前述しましたね（108頁）。

冥界に入ったヘラクレスは、ハデスの許可を得てケルベロスを地上に連れ出しました。いつもは闇の世界にいるケルベロス、太陽を見て驚いたのか3つの頭が激しく吠えて唾液が飛び散りました。その唾液から発生したのがトリカブトだとか。猛犬というより猛毒犬？

エウリュステウスはケルベロスを見せられると、恐れおののいて早く冥界へ返すように叫んだということです。そして神託による使命を全て果たしたことで、ヘラクレスはめでたく罪を償ったことになりました。

▼その後のヘラクレス

ようやく平穏で自由の身となったヘラクレスは、冥界で会ったメレアグロスの妹デイアネイラを妻に迎え、ヒュロスという子供が生まれます。

トラキアの城に向かう旅の途中、流れの激しい川を家族で渡ろうとしてい

「ネッソスに略奪されるデイアネイラ」グイード・レーニ
1620~1621　ルーブル美術館蔵

たところ、ケンタウロス族のネッソスが手伝いを申し出たのです。荷物に子供に女連れでは手に余るとみたのでしょう。ネッソスはデイアネイラを背中に乗せ（半人半馬ですからね）先に川を渡ってしまいました。そしてデイアネイラに言い寄ったのです。

「一目で貴女が気に入りました。あの旦那より大切にしますよ」

デイアネイラの叫び声を聞いたヘラクレスは、ヒュドラの毒矢を放ちました。たちどころに身体中に毒が回る中、ネッソスは「自分の血は媚薬になるので、ヘラクレスが浮気しそうなときには、衣服に塗っておけば浮気封じになる」と言い残したのです。デイアネイラは、この言葉を信じて血をとっておきました（どうやって？　布だと乾いちゃうし、瓶のような容器？　それとも涙壺？　ここいつも悩むところです）。

トラキアで落ち着いた暮らしが続くのですが、ある日ヘラクレスは約束を破った王への復讐のため戦いに出て行きます。その約束というのは弓術大会で「勝てば娘をやる」と言っていたエウリュステウス王が約束を破ったばかりか、ヘラクレスを侮辱したことでした。ヘラクレスにしてみれば、侮辱されたことへの仕返しだったかもしれませんが、デイアネイラはエウリュステウス王の娘イオレを手に入れられなかったことをそれほど悔やんでいるのかとしか思えません。まして戦勝報告に来た使者が、イオレを捕虜として連れ帰るというのですから、穏やかではいられるはずはありません。

神殿での儀式のための服を取りに来たという使者に託した服に、ネッソスの血を染み込ませたデイアネイラでした。浮気封じになるという言葉を信じて。

ヘラクレスが身につけると、ネッソスの血に仕込まれていたヒュドラの猛毒が身体中に回り皮膚は焼けただれ、猛烈な痛みに襲われたのです。不死の身ですから、永遠に苦しみ続けなければなりません。苦痛に耐えられなくなったヘラクレスは、木を積み上げるとその上に身を横たえ「身体を焼き尽くしてしまえば、苦しみから解放される」と火葬にするよう命じたのです。これを知ったデイアネイラは自殺してしまいます、うっかりネッソスの口車に乗ってしまった愚かさを嘆きながら。

ついにヘラクレスは波瀾万丈の地上での暮らしを終え、天に迎えられたのです。ヘラもようやくヘラクレスと和解、ヘラとゼウスの娘のヘベは天界でヘラクレスの妻となったということです。

ヘラクレスはエウリュステウスの使命を果たすため旅の途中でさまざまな冒険をし、手柄を立てています。北方からアフリカまで広い範囲で活躍したのは、長い間にオリジナルの神話に各地の伝説が加えられたことで、ここでも活躍した、ここもだよとご当地自慢のように話が増えたからでしょう。神や英雄が各地をさまよい、多くの試練を克服して尊い存在になる貴種流離譚は世界各地に伝わるもの。

日本にも多くの英雄伝説がありますが、最も人気が高いのは「源義経」のようです。平泉の合戦で亡くなったのではなく、蝦夷地に逃げ延びて大陸に渡って成吉思汗になったという話を聞かれたことはありませんか？　歌舞伎の世界でも演目に関係なく、義経が登場しないと観客が納得しないため、突然義経が登場して「さしたる用事もなかりせば、これにてご免」と退場するだけで拍手喝采というほどですから、最強でありながら悲劇的な要素のある主人公には理屈抜きで肩入れする心情は国籍や民族を超越しているのでしょう。

10 アルゴー号と「メディア」

▼アルゴナウタイ（アルゴの船員）

そのヘラクレスが一時期乗員となっていたのが、「アルゴー号」という船でした。

「The Argo」 ロレンツォ・コスタ 1500年
エレミターニ市立美術館

アルゴー号のクルーは50名ほど、ゼウス、ポセイドン、アポロン、ヘルメス、ディオニュソス、アレスといった神々、王族の息子、竪琴の名人オルフェウス、千里眼のリュンケウス、そしてケイロンのもとで共に学んだ仲間と、ギリシア中から集まった勇者たちで「アルゴナウタイ」（アルゴの船員）と呼ばれます。アルゴは快速という意味で、この船を建造した船大工アルゴスにちなんだもの。50の櫂を持つ巨大な船でした。

この船を建造させたのはイアソンというイオルコスの王子でした。話は遡りますが、イアソンの父アイソン王は、まだ乳飲み子のイアソンを連れてケイロンを訪ねています。王の話によると、王の弟であるペリアスが王位を狙っていて、自分にはペリアスを押さえ込むだけの力がないというのです。そして正当な後継者のイアソンはペリアスにとっては邪魔な存在であり、いつ何が起こるかわからないので、イアソンは死んだということにして賢者の誉れ高いケイロンに養育を任せるために訪ねて来たというのです。

▼片サンダルの男イアソン登場

王子の養育をケイロンに託した王が帰国して間もなく、予想していたとおりペリアスに王位を奪われ追放されてしまいました。得意満面で王位についたペリアスに下された神託がありました。

「サンダルを片方だけ履いた男に地位を危うくされる」というものです。「何、サンダルを片方だけ、そんな格好で歩き回る男などいるはずがなかろう。ワシの地位は安泰ダァ」とご機嫌でした。世間の定石としてこういう王様ってロクなものではなく、自分勝手でわがまま、心ある家臣と国民だけがバカを見るというのは、ギリシアの昔からということのようです。

そうこうしている間に20年の月日が流れ、イアソンは「文武」はもちろん哲学的思考に神々のことまでしっかり教育された立派な若者に成長していました。もちろん自身の身分やペリアス王の不届きさも教えられています。師のケイロンからみればまだまだ未熟かもしれないのですが、冷遇されている父を救出するためイオルコスに向かうというイアソンでした。

ケイロンは「常に礼節を忘れず、謙虚でいるように」と送り出しました。足取りも軽く故国に向かうイアソン、川を渡ろうとするとすぐ近くで一人の老婆がやはり川を渡ろうと四苦八苦しているのが目に入りました。それほど深い川ではありませんが、もし足を滑らせでもしたら、と思ったイアソンは老婆を背負って川を渡ることにしました。

「ご親切に、ありがとうございます」という老婆は小柄で痩せています。たやすく渡れるはずですが、足を進めるごとに老婆が重くなって行くのです。

「どうして重くなるのだろう、かといって放り出すわけにもいかない」。川底の石で足を滑らせた拍子に片方のサンダルが水に流されてしまいました。慎重に足を運び、どうにか岸にたどり着いて老婆を下ろすと、老婆の姿は消え去って美しい女性に変身したのです。

イアソン像　オーストリア　ウィーン　シェーンブルン庭園

驚きで声も出ないイアソンに、「私の名はヘラ。あなたの心根を試したのです。これから先あなたを見守ってあげましょう。ただこれから多くの困難に立ち向かわなくてはならないでしょう。でも忘れないように、私がちゃんと見守っていることを」

最高位の女神ヘラが見守ってくれるとはなんとありがたく力強いことだろう、自信を深めたイアソンがイオルコスに到着すると、ペリアス王は神々を祀る宴席の真最中でした。

イアソンは群衆をかき分け、中央に陣取るペリアス王の前に進み出ると名前を名乗り、王位を譲るように申し出ました。イアソンを見た王は慌てます。なぜならイアソンは片方の足にしかサンダルを履いていなかったからです。ただペリアスは相当なタヌキ爺です。平静を装うと「よく戻って来た、約束通り王位は譲ろうではないか。なにせ私も歳だからな」と一応承諾してみせます。しかし新王となるには神への捧げ物が必要であり、「なまじなものでは神は喜ばれないであろうな」と考えるフリの後「そうだ、良いものが」と話し出しました。王の従兄弟でボイオティアの王子プリクソスと妹のヘレが後妻の継母の計略で生贄にされそうになった時、救出のためにゼウスが送った翼のある金色の毛の羊に乗って脱出し、無事にコルキスに辿りついた話を持ち出したのです。飛行中にうっかり手を離したヘレは落羊して命を落としました。悲しみを抱えながら飛行を続けたプリクソスは、無事にコルキスに到着したものの、コルキス王アイエテスに謀殺され、金羊毛も奪われてしまったというのです。「この金羊毛皮を取り戻せば、ゼウス様にも申し訳がたつというもの。お前が取り戻してくるのなら約束通り王位は譲ってやろうではないか」と言い放って席を立ってしまいました（そもそも取り戻すという考えがオカシイのですが）。

しかしこのタヌキ爺、羊のいきさつに少々デタラメがあったようです。謀殺されたはずのプリクソスはコルキスのアイエテス王の娘カルキオペを妻として幸せに暮らしているのです。プリクソスは金の羊をゼウスへの捧げ物とし、毛皮はアイエテス王に贈りました。

プリクソスとヘレ
45-79　ナポリ国立考古学博物館

ですからこの所有権はコルキス王にあると言えます。

途中で海に落ちてしまった妹のヘレ、この海はヘレスポントス（ヘレの海、現在のダーダネルス海峡）として名前を残しています。

この金羊毛皮の噂を聞いたタヌキ爺ペリアスの意地汚いスケベ心、なんて嫌なヤツでしょう。ゼウスにしても「ンッ、俺関係ないよ」と口走っていたかもしれません。

事情を知らないイアソンは王の後ろ姿に向かって「合点承知、必ず取り戻して参ります」と叫んだのです。

さあ大変、そもそも金の羊毛皮ってどんなもの？　コルキスってどこ？　金の羊毛皮はアレスの不眠の龍が守っているから、龍を倒さないと等々どこもこの話題でもちきり。

イアソンはまんまとペリアスの罠にハマってしまったわけです。タヌキ爺は片方だけサンダルを履いた男が現れた時の対応をズ〜ッと考えていたのです。なんて奴！

ここで落ち込んでいる場合ではありません。「あの金羊毛皮を取りに行くなんて、大冒険だ」と周囲は盛り上がり、イアソンが協力者を募ると続々と若者たちが集まったのです。

▼アルゴー号の冒険譚

アルゴー号はイアソンと50人のアルゴナウタイを乗せてパガサイの港から出航しました。黒海の彼方にあるコルキスを目指して（コルキスは現在のグルジアあたりのようです）。

3日目にレムノス島に到着、この島は女性ばかりの島でした。そこに筋骨隆々のギリシア彫刻ばりの勇者が50人！　女達は大歓迎、男達だって盛り上がらないはずはありません。

すぐに意気投合してカップルもしくは両手に花のグループ成立。冷静だったのはヘラクレスのみ。というのも彼は女性に興味がなく、美少年好みでヒュラスというお供を連れてきていたのですから。「私たちの目的を忘れてはいけない。いつまでもここにとどまるわけにはいかないのだから。明日には出発しよう」というヘラクレスに勇者達は従いました。

ところが水を探しに行ったというヒュラスが戻ってこないので、ヘラクレスは島に残ることになりました。いくら探して見つからないヒュラス。ヘラクレスは一人で旅を続けて「ヘラクレスの冒険」のお話に続くという次第です。

勇者達が去ったレムノス島では次々と男の子が誕生、時が経つに連れて男女の数は同じようになったということです。

アルゴー号は航海を続け、サモトラケ（ギリシア彫刻の傑作ニケの像が発見された島、このNikeという勝利の女神の名前はNikeナイキでおなじみですね)、ヘレスポントス（ダーダネルス）海峡を越えてひたすらコルキスへ向かっています。

サモトラケのニケ
BC200-190年頃
ルーブル美術館蔵

途中のピテュニアではアミュコス国王に拳闘の勝負を挑まれ力自慢のポリュデウケスが勝利したり、トラキアのサルミュデッソスでは女面鳥身（日本で言えば迦陵頻伽のような容貌かしら？）の怪物を退治し、アゲノル王を救います。

感謝したアゲノル王は金羊毛を取りにいくには、シュンプレガデスという大岩の間を通り抜けなければならないと教えてくれました。それはボスポラス海峡を漂いながら絶えずぶつかっているふたつの大岩で、これに挟まれるとひとたまりもないという迷惑千万で厄介な大岩です。この岩を通り抜けるには、白い鳩を放ち鳩が通り過ぎた瞬間に精一杯櫓を漕いで全力で通り抜けるしかないと忠告してくれたのです。

アゲノル王から一羽の鳩をもらい受け出航したアルゴー号、しばらくすると凄まじい音と逆巻く波が。確かに巨大なふたつの岩が見えました。

鳩を放しタイミングを見計らって全速力で船を走らせたところ、間一髪。船尾を少しだけ挟まれましたが、さしたる被害もなく無事に通り抜けられました。このふたつの大岩、意思があったのか、アルゴー号を挟もうとあまりに強い力でぶつかったため、ピッタリとくっついてしまい一つの大岩になってしまいましたとさ。

この後アルゴー号の船旅は比較的穏やかでしたが、途中の島々（なにしろ多島海ですからね）でさまざまな冒険に出会います。アマゾネス（女性だけの国）や、男女の役割が入れ替わっている不思議な島（ということは男性が妊娠したりしたのかしら？）もありました。

プリクソスの息子アルゴスに出会って一行に加え、彼の案内でパーシス河を渡って目的地コルキスに到着と相成りました。

ちょうどこの頃オリンポスでは神々の集会が開かれておりまして、「ええ若者たちではないか。ぜひとも頑張ってもらおうではないか」とアルゴー号をサポートしようということになりました。中でもヘラとアテナは美少年には目がありません。

「コルキスのアイエテス王は結構したたかよ。簡単に羊毛皮を渡すとは思えないわ」

「アイエテスの身内の誰かがイアソンの味方になれば良いのだけど」

「そうよね、アイエテスの娘のメディアはどう？　イアソンにくっつけたら」

「そうね、じゃあアフロディテに頼んでみる？」

というような会話がありまして、アフロディテが息子のエロスに例の矢を使わせることになりました。

▼王女メディア

アイエテス王とアルゴナウタイの会見の場から交渉の会話が漏れてきます。

「アルゴナウタイってどんな人たちかしら？」

好奇心から広間を覗いたメディア、隊長のイアソンの姿が目に入った瞬間エロス小僧の金の矢が……、さぁ大変メディアはたちまちイアソンの虜に。

アイエテス王は「経緯はどうあれ、金羊毛皮は我が国の宝。返してなるものか。此奴らをどうしてくれよう、皆殺しという手もあるが、それでは神の怒りをかうかも知れない。旅の途中で数々の苦難を乗り越えてきたのは、神のご加護があるからに相違ない。下手なことはできない」と動揺する内心を押し隠して「確かにもとはといえばお国のもの、お返しするのはやぶさかではないが、あなた方が神の使命を受けた勇者であることを証明していただくわけにはいくまいか？」

「よろしいでしょう。どのようにして証明いたしましょう？」

「実は厩に軍神アレスの飼っていた牡牛がおりましてな、それが足は青銅で口からは火を吐くという暴れ牛なのだ。この牛を手なずけてアレスの聖地を耕してはくれまいか？　そして耕した土地にこの龍の歯を撒くと大勢の戦士が生まれてくるはずだ。そこでその戦士を一人残らず倒したならば、金羊毛皮をお返ししよう」

なんだかとんでもなく大変そうですが、これをやらなければ金羊毛皮を取り戻すことはできそうもありません。

「わかりました。やってみましょう。ただし成功の暁には必ず金羊毛皮をお返しくださると約束していただけますね」

「もちろんだ」とは言いながら内心でほくそ笑むアイエテス王。

「あの牛を手なずけることなどできるわけがない、馬鹿な若造だ。よくまあこれほど簡単に騙されたものだ」と胸をなでおろしていたことは言うまでもありません。

▼秘薬を持ち出したメディア

一部始終を聞いていたメディアは「このままでは彼は死んでしまう」と自室に駆け込み、大切にしていた「プロメテウスの草」という薬草を取り出しました。この薬草を煎じた液を身体に塗っておくと、猛火の中でも決して火傷を負うことはないという秘薬。世界中で頻発する山火事と闘うファイアーファイターの皆さま方に配りたいものですが、正体不明で残念だわ。

煎じ薬の壺を手に、ヘカテの神殿で祈願するというイアソンを待ちました。姿を見せたイアソンに薬を渡し、その使い方と効能を教えたのです。二人が直接顔をあわせて言葉を交わしたのは初めてのはずですが、互いに通い合うものがあったとされますから、エロス小僧はまだウロチョロしていたのかもしれません。

メディアのおかげでイアソンは暴れ牛を手なずけ、戦士たちも一掃してしまいました。目論見の外れたアイエテス王は烈火の如く怒り、アルゴナウタイの皆殺しを命令、しかも娘のメディアが手を貸したことにも気づいたようです。危険を察知したメディアは、またしても薬箱から薬草を取り出してイアソンの部屋に駆けつけます。
「すぐに逃げてください」
「しかし金羊毛皮を持たずに逃げるわけにいきません」
「羊毛皮のある場所はわかっています。それに見張りの龍も私が眠らせます。さぁ、急いで」
「なぜ私たちを助けてくださるのですか？　お父上を裏切ることになるのですよ」

▼金羊毛皮をゲット

ちょっと鈍感なイアソンですが、神殿で言葉を交わしただけとはいえ気になっていた女性です。それに一途な思いは言葉にせずとも伝わるもの。イアソンは彼女に従って聖なる森へ入って行きました。

大樫の幹には、闇の中でもそれとわかる輝きを放つ金羊毛皮が。不眠の龍はあたりの気配を察したのでしょうか、恐ろしげな唸り声をあげて周囲を睥睨しています。

「ペリアースに金羊毛の毛皮を渡すイアソン」
紀元前240年頃と330年頃の間　ルーヴル美術館所蔵

「私は薬学に詳しいのです。薬を仕込んだこの枝を龍の目あたりで振ると龍は眠ってしまいます。私が眠らせますから、その隙に羊毛皮を取ってください」

イアソンは羊毛皮を手に船に戻ります。アルゴナウタイがすっかり出港準備を整えてイアソンを待っていました。「さぁ貴女も一緒に。お父上に知られた以上、貴女がこの国で無事でいられるとは思えません」。

グズグズしてはいられません、メディアも促されるまま船に乗り込みました。

アイエテス王はすぐさま追手の船団を差し向けます。しかしアルゴー号の船足は速くとても追いつけるものではありません。むしろ陸路で馬を走らせた軍団のほうが早く、アルゴー号が姿を現すのを待ち受けていたのです。軍団を率いるのはメディアの弟のアプシュルトス。多勢に無勢、勝ち目はないと悟ったアルゴナウタイは、メディアを引き渡して和議をと相談を始めたのです。

彼らにとってメディアは大恩人だというのに。これを聞いていたメディアが口を開きました。

「たとえ私を引き渡したとしても無駄でしょう。軍団は羊毛皮を取り戻し、貴方がたを皆殺しにするだけです。私に考えがありますので、どうかお任せ下さい」

メディアは弟に手紙をしたためました、どうか救い出して欲しいと。姉の手紙を信じたアプシュルトスは、姉を救出してからアルゴー号を襲撃しようと指定された場所にやって来ました。しかし交渉の場はアプシュルトスにとっての死に場所だったのです。指揮官を失ったコルキス軍はてんでバラバラに。難を逃れたアルゴー号は往路同様に大嵐、垂れ込める深い霧、クレタ島のタークロスが投げつける巨石などの試練を乗り越えて旅を続け、イオルコスに帰国となります。ただ弟までだまし討ちにしたメディアの「魔女」ぶりは増すばかりでした。助けられたとはいえ「怖れ」の感情がイアソンの心に少しずつ芽生え始めていたのです。

さて望み通り金羊毛皮を手にしたペリアス王は「よくやった。以後この国で末長く暮らすことを認めよう」と言うものの、王位を返す約束など何処へやら、王座に居座ったままなのです。

▼メディアは魔女だった？

父のアイソンはすっかり気弱になり「弟はそういう奴よ」と繰り返すばかり、めっきり老いが目立つようになってしまいました。ただ息子のイアソンと共に暮らせることだけが、唯一の幸福だと言うばかり。

見かねたメディアが言いました。

「お父様にお若い頃のようにお元気になって欲しい？」

「それはもちろん。だけどそんなことはあり得ないよ」と答えたイアソンに「私にはできるのよ」。さまざまな薬草をグツグツと煎じたメディアは、アイソンを寝かせ、古い血と煎じ薬を入れ替えると言うのです。訝しがるイア

「アイソンを若返らせる薬を造るメディア」
ジローラモ・マッキエッティ
1570~1573 年頃　ヴェッキオ宮殿

ソンでしたが、メディアは実行。最後に何やら呪文を唱えると、あら不思議アイソンはすっかり若返ったのです。

なんだかこれ幹細胞移植のようですね。ＩＰＳ細胞かもしれませんけど、この先人の処方、残しておいて欲しかったです。もしかしたらギリシアのどこかで極々少数の人には受け継がれているのかも？

叙事詩『アルゴナウティカ』の作者ロドスのアポローニオスによると、メディアはあらゆる魔法の薬草とその扱い方を女神ヘカテから教えられていたとのこと。得意としていた「若返りの魔法」、興味津々ですけれど、オウィディウスによると黒い羊を屠殺、満月の夜にできた霜、ミミズクの翼と肉、狼男の腸、キュニプス産の水蛇の皮、長寿とされる牡鹿の肝臓、９代生きた烏のクチバシなどを煮込むようです。こんな材料どうやっても揃えられるはずもないし、それにこれ口にする勇気もありません。というわけで、若返りはギブアップせざるを得ませんね。

メディアの魔法でアイソンが若返ったという噂はかけ巡り、ペリアスの娘達がメディアを訪ねて来ました。できることならペリアスも元気にして欲しいという娘たち。目の前で老いたヤギを若返らせてしまったメディアの「魔法」。娘たちに懇願されペリアスにも施すことに。でもメディアは、ここで大事な薬草を一つワザワザ入れなかったのです。結果ペリアス王は釜茹でとなり、あえない最後。

イアソンの心は揺れます。「なんと残酷な。故意であれば殺人ではないか。いずれにしても、王位につくわけにはいかない」とアルゴナウタイの仲間であったペリアスの息子アカストスに王位を譲って、メディアと国を出ることにしたのです。

旅の途中に立ち寄ったコリントスで、イアソンは王の娘グラウケと親しくなりメディアと別れようとしますが、ことは簡単にはいきません。

メディアは毒草のエキスを染み込ませた服を恋敵グラウケに贈ります。あまりの美しさに手を通したグラウケは即死。娘の一大事にかけてつけたコリントス王も服に手を触れたため亡くなってしまいます（たしか英国エリザベス１世の時代にも同じように服に塗られた毒の話がありました。肌から吸収して即死するというのはどんな毒なのか、記憶によれば大奥あたりでも使われていたような、同じものかどうかは不明ですけどね）。

市民の怒りは爆発して、文字通りの魔女狩りです。イアソンとの間の二人の息子も惨殺され、メディアはアテナイに逃れます。後にちゃっかりとアテナイ王の妃におさまることになるのですが……。

おそらくコリントスあたりでメディアと別れたイアソンは、思い出に浸る放浪の旅に出て朽ち果てたアルゴー号を見上げている時、船の残骸の下敷きとなって死んでしまったというあまり納得のいかない結末でアルゴー号冒険譚はオシマイ。たしかヘラ様が「見守ります」と約束をしたはずなのに、冒険中はお守りくださったとしても最後が不満です。

少々恐ろしいメディアは、「王女」、「魔女」とも形容されています。詳しくはエウリピデスの悲劇『メディア』をご参照ください。

11　テセウスの物語

▼「テセウス」の誕生

メディアが逃れた先のアテネは、知恵と戦いの女神アテナに守られた都市国家。代々優れた支配者に恵まれ繁栄していました。

メディアが逃れたときよりも前、アイゲウスという国王の時代のことです。二人の妻をもつ王でしたが、いつまで経っても子供が生まれません。思い余ってデルフォイの神託を受けたところ、焦らなくても子供はできるというご託宣を受けたのです。ただし、国に帰るまではワインの皮袋を開けてはならないと言われてもいます。

一体どういう意味なのか？　アイゲウスはトロイゼンの博学で知られるピッテウスに、神託の意味を尋ねようと立ち寄りました。神託の内容を聞いて即座に理解したピッテウスは、客人として飲むなら大丈夫と自らワインの袋を開けアイゲウスを酔わせます。そして寝所に娘のアイトラを送り込んだのです。翌朝目覚めたアイゲウス、記憶はないとはいえ隣にはしどけない姿のアイトラが……。

アテナイに戻るアイゲウスは、自分の剣とサンダルを巨岩の下に隠し、息子ができていたら父親の名を教えてはいけないとアイトラに厳しく言い渡しました。そして「その子が成長して、この岩を動かせるほど強くなったときに私の名を教え、2つの品を身につけてアテナイに送り出して欲しい」と言い残したのです。

そして生まれた男の子は「テセウス」と名付けられました（ヘラクレスのトラキア出兵とアルゴー号に参加しています）。

16歳になったテセウスが、チャレンジしたところ巨岩が動いて剣とサンダルを取り出すことができました。アテナイに旅立ったテセウスにも途中さまざまな冒険譚がありまして、巨人、猪、大亀、ケルキュオン、プロクルステスと人々を困らせていた“悪者”を退治しながらアテナイを目指しました。

▼メディアの策略とその後

そんな折アテナイではアイゲウス王が再々婚、新しいお妃があの“魔女”メディアです。しかも二人の間には男の子が生まれていたのです。イヤ～な感じではありませんか？

テセウスがやって来ることに気づいたメディアは、アイゲウスに耳打ちします。

「これから貴方の息子という若者がやって来ます。でもそれは詐欺師です、嘘なのです。彼は王位を狙っているのですよ」

「私の予言や魔力はご存知ですよね」

メディアの思いは一つです。息子を後継にすること。そのためにはテセウスが邪魔だったのです。

「しかし、どうすれば？」

「お会いになってはいけません。マラトンの牛を退治してきたら会うと伝えるのです。もし共倒れにでもなれば、牛まで退治できるというものですわ」

テセウスは勇んで牛退治に。果たして見事成功して戻ったテセウスですが、メディアは王をそそのかし、彼に毒入りワインを飲ませて殺害を計画します。テセウスが盃を手にしたところで、王の目に入ったのはあの剣、そして履いているサンダルは、まさしく自分が巨岩の下に入れたものでした。
「飲んではならん！」と慌てて盃を払い、「お前の母親はアイトラか？　彼女が私の息子を産んでいたのだな」

メディアの悪巧みに気づいた王が彼女を捕らえようとすると、祖父のヘリオスが送った馬車が現れ、メディアはアジア方面に飛び去って行ったといいます。息子メドスによって新しくメディア王国が建設されたとされますが詳細は不明。どうやらイラン周辺のようですよ。

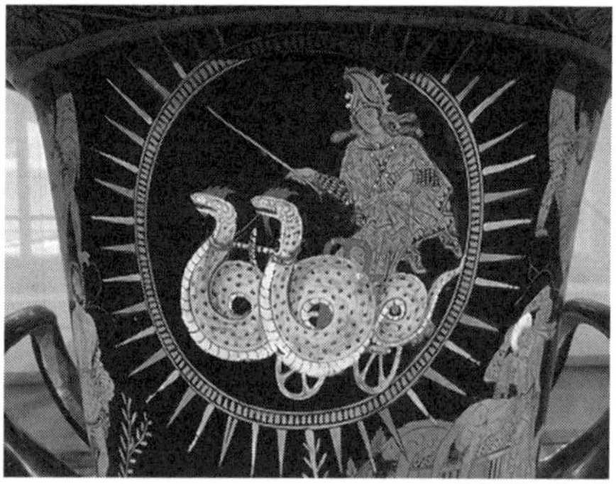

BC400 年頃のクラテール（大甕）に描かれたメディア　Diderot　クリーブランド美術館蔵

こうしてテセウスはアテナイの後継者と認められたというわけです。メデタシと言いたいのですが、なかなか素直に収まらないのがギリシア神話です。

▼半人半牛のミノタウロス

テセウスにまつわるお話で、舞台はクレタ島。王のミノスは海から得たものはすべてポセイドンに捧げるという誓いを立てていたのは前述しました（151 頁。でも“すべて”って本当にすべてかなぁ、全部だとしたら魚も貝も食べられないのではないか、と気になります）。

余談ながらミノス王は、宮殿を築いてエーゲ海を支配したとされます。クレタ島のクノッソス宮殿から世界最古の古文書と玉座が発見され、碑文の中の記載から実在した人物ではないかとされているのです。ミノア文明は彼の名にちなんだもの。

そのミノス王が海岸を散策していたある日のこと、海から現れた美しい白い牡牛に惹かれた王が手元において、代わりの牛をポセイドンに捧げたのは前述しました。「約束が違う」とお腹立ちのポセイドンの怒りの矛先は、王の妻であるパシパエに向けられたのです（妻にしてみれば、とんだとばっちりでメーワクな話ですけど）。

パシパエはこの牛を一目見るなり、虜になってしまったのです、それも性的欲求の。こんなことってあるのかどうかわかりませんが、寝ても覚めても牡牛のことが頭から離れないのです。こうした悩みを相談できる相手はそうそういませんよね。パシパエは、名工で名高いダイダロスに心情を吐露したのです。ダイダロスは腕にヨリをかけて、精巧な牝牛の模型を作りました。パシパエはその模型の中に入って牡牛に近づき、首尾よく想いを遂げたのです。

パシパエは牡牛の子供を宿し、月満ちて生まれた子は顔が牛、身体は人間という半人半牛でした。「アステリオス」（雷光、星）と名付けられましたが、ミノス王の牛という意味で「ミノタウロス」と呼ばれます。ミノタウロスは育つにつれ凶暴性を発揮するようになりました。

手に負えなくなってしまった王は、ダイダロスに命じて脱出不可能な迷宮（ラビュリントス）を建造させ、ミノタウロスをそこに閉じ込めてしまいました。そして食料としてアテネから９年ごとに男女７人ずつの若者を送らせ

Minotauros Myron NAMA Marsyas

ポンペイのフレスコ画に描かれたパーシパエー、ダイダロスとダイダロスが制作した木製の牡牛　WolfgangRieger

たのです（９年で14人……どう計算すれば？）。

これには事情がありまして、ミノス王にはもう一人アンドロゲオスという息子がいたのです。この息子は冒険の旅に出て、各地の競技会で華々しい成果をあげたことで知られていました。アンドロゲオスがアテナイを訪ねた時、その腕前を見込んだアイゲウス王に暴れ牛の退治を依頼されたのです。闘志満々のアンドロゲオスでしたが、残念なことに牛の角にかかって死んでしまったのです。

話は逸れますが、この暴れ牛は実はミノタウロスの父親です。天罰として凶暴な牛になり、暴れまわっているところをヘラクレスに連れ去られ、さらにテセウスがマラトンで退治するというように話は繋がっているのです。

▼テセウスの決意

事故とはいえ、息子を殺されたミノス王は「息子の仇」と大軍団でアテナイを攻撃、降伏したアイゲウス王はミノタウロスの食料として男女14人を提供することになったのです。

テセウスが正統な後継と認められたのは、食料提供が始まって３回目という時期でした。そこでテセウスは「私を今回は生贄の一人に加えてください」と申し出ました。当然アイゲウス王は反対しますが、「次期国王としてミノタウロスを倒します」という息子に根負けして渋々ながら送り出さざるを得ませんでした。帰国の際に無事であったなら船の帆を白に、万一の場合には喪を表す黒にするという取り決めをして。

アテナイからの船が着くとクレタ島では大騒ぎ。生贄の中にアテナイの王子がいるというのですからね。怖れも見せないテセウスはミノス王に、ミノタウロスを退治したらアテナイからの生贄は今回で最後にして欲しいと申し出ました。

「それはもちろん当然であろうな。しかし入ったら二度と出られないのがラビュリントスだ。どうやって脱出するおつもりか？」

「ともかく王子として立派に振る舞いたいのです。私を真っ先に生贄にしてください。よろしいですね」

▼アリアドネの糸

　こうしたやり取りの一部始終を父王の隣で目にしていた王女アリアドネ。エロス小僧が飛び回っていたかは定かではありませんが、テセウスに心を奪われてしまうのです。
「あの方を死なせるわけにはいかない」
　日に日に思いが強くなるアリアドネが訪ねたのはダイダロス、ラビュリントスの建造者です。
「貴方なら脱出する術がわかるでしょう？　どうか教えて」
「姫様、それがわからないのです」
「なぜ？」
「王様の命令で設計図は焼いてしまいました。私としてもとんでもなく複雑に作ったものですからどうにも思い出すことができないのです。それに年ですからなぁ、忘れっぽくなったものです」
「……」
　今にも泣き出しそうなアリアドネを前にして、ダイダロスは黙りこくったまま。どれほどの時が経ったのでしょう。
「そうだ！　この手がある」。ダイダロスが口を開きました。
「何か良い案が？」
「はい、糸玉を持って入るのです。入るときに糸玉の端を扉にくくりつけて、ほどきながら中に入るのです。帰り道は糸玉を手繰ってくればもとの所に戻れるはずです」
「本当ね。とても良い考えだわ」
　アリアドネは赤い糸玉を手に生贄が閉じ込められている獄に向かい、テセウスと格子越しに顔を合わせました。
「私はこの国の王女でアリアドネと申します。貴方様はミノタウロスを倒すとおっしゃいました。でもご存知ですか？　ラビリュントスは入ったら決して外に出られない所です。どうやって逃げ出すおつもりですか？」
「それはミノタウロスを倒してから考えることにしています」
「なんと無謀な。私が良い方法をお教えいたします」

「なぜ見ず知らずの私にそこまで」
「どうやらエロスの金の矢に射られたようなのです」。頬を赤らめながらも正直なアリアドネ。
「わかりました。私もアフロディテの翼に魂を奪われたようです」
アリアドネは糸玉を渡すと、使い方を説明しました。
「どうぞご無事で。そして戻られたら私を連れて逃げてくださいませ。貴方様が脱出されたら、私がお助けしたことを父が知ることでしょう。私はもうこの国にいられないのです」
父と国を捨てる覚悟のアリアドネ。テセウスが心を動かされたのも不思議ではありません。
「刻限だ。中に入れ」
テセウスがアリアドネに言われたように糸玉の端を扉にくくりつけて進んでいくと、待ち構えていたミノタウロスと出会いました。久しぶりのご馳走に舌なめずりをするミノタウロス。これまでの生贄は恐怖で立ちすくみ、抵抗することはありませんでした。今回もそのつもりで生贄に近づいたミノタウロスでしたが、思わぬテセウスの反撃に。鉄拳の強い頭への一撃で、ミノタウロスは息絶えました。なんともあっけない最期だけど。
「皆、私に続け、逃げるのだ」
テセウスは糸をたぐって扉を目指しました。扉の背後には「今か、今か」と気を揉みながらアリアドネが待っていました。彼女にとってはこれまでにないほど長い時間だったことでしょう。生贄たちは道を急ぎました、入江で待っていた船に乗り込むとアテナイを目指したのです。

▼翼が解けたイカロス

ミノス王にことの次第が知らされたのは、船が出航した後のこと。もはやテセウスもアリアドネも、取り戻す術はありません。打つ手なしのミノス王は「おそらくダイダロスが手を貸したに違いない」と怒りの矛先は、名工ダイダロスに向けられたのです。
「ダイダロスをラビリュントスに閉じ込めよ。息子も一緒にだ！」
幽閉されたダイダロスと息子のイカロス。

「お父さん、なんとか出られないの？」
「そのうち良い手立てが思い浮かぶだろう」
そうこうしているうちにダイダロスが思いついたのは、陸がダメなら空はどうかということでした。
ダイダロスは鳥の羽を模した翼を作り、空高く舞い上がったのです。脱出成功でしたが、はしゃぎすぎたイカロスが太陽に近づき過ぎたため翼の蝋が溶けてエーゲ海に墜落死してしまうのです。その後ダイダロスはシチリアまで飛び続け、カミコスの王コカロスの元に身を寄せたとされます。

「ダイダロスとイカロス」アンソニー・ヴァン・ダイク　1615-1625　アートギャラリー・オブ・オンタリオ

ミノス王は逃げたダイダロスを追って放浪の旅を続け、カミコスまでやって来るのですが、ダイダロスの引き渡しを拒んだ王の娘たちによって殺されたということになっています。

▼ディオニュソスにアリアドネを奪われてしまうテセウス

ところで逃げ出したテセウスとアリアドネと生贄候補の一行は、帰国途中でディオニュソスの住むナクソス島に立ち寄りました。
冒険好きのディオニュソスは、一行を歓迎。ミノタウロス退治の話に盛り上がり、「まあ、飲めよ」とやたらにお酒を勧めたのです。
「そうか、お姫様は親から逃げて駆け落ちか。飲みなさい、飲みなさい」という具合に。おわかりになりますよね、ディオニュソスの下心。

旅の疲れと酔いのせいで、テセウス達が眠ってしまうと、ディオニュソスは朝になるまでアリアドネに不届きな行為に及んだのです。目覚めたテセウスに「あの女、置いていけ、そうすれば俺がお前の守護神になってやる」と話を持ちかけました。驚いたテセウスでしたが、たとえ乱暴な酔っ払いだとしても、神の庇護を受けるのと怒りをかうのでは天と地ほどの差があるのは明らかです。テセウスはアリアドネを島に残して出航してしまいました。
ちょっとぉテセウス君、恩人に対して冷たすぎやしませんか？

「アリアドネに出会うバッコス」
ウジェーヌ・ドラクロワ 1856-1863年　サンパウロ美術館所蔵

「ナクソス島に眠るアリアドネ」
ジョン・ヴァンダーリン　1808~1812年
ペンシルヴァニア美術アカデミー所蔵

▼エーゲ海の由来

帰路の無事は保証されましたが、テセウスの心中は穏やかではありません。彼女を利用しただけなのだろうか……。物思いにふけっていたため、父との約束「無事であったなら、白い帆で」というのをすっかり忘れてしまっていたのです。こんなふうにすごく大事なことを忘れるのは、男に多いようでして……。

息子の帰りを一日千秋の思いで待ちわびていたアイゲウス王は、岸壁から黒い帆の船を目にして、息子テセウスは死んだものと思い、絶望して海に身をなげたのです。アイゲウス王が身投げした海は、彼にちなんで「エーゲ海」と呼ばれるようになりました。

アリアドネの件からもわかるようにどうやらテセウスは女性には淡白みたいですね。でも為政者としては優れていたようで、アテナイの王となったテセウスは、争いや揉め事の絶えなかった周辺のアッティカ地方をまとめ、人や物の交流が自由で安全なものとし、文化人や知識人の活動を支援しました。直接選挙による民主制を実施、アテナイを中心とした民主国家をつくりあげ、憐れみ深く知恵のある指導者となりました。アテナイの建国の父として、ローマのロムロスとラミュスと並び称されるヒーローとなりました（プルタルコス『英雄伝』）。

気の毒に思えてしまうアリアドネですが、祖先をたどるとゼウス（とエウロペ）に行きつきますから神一族です。ディオニュソスに大切にされていたらいいのですが、あの酔っぱらいはお酒が入るとね。

でも「アリアドネの糸」は、後世になって難問解決の方法の意味で使われていますし、Ariadne は英語では「アリアドニ」。前述したヘラクレス同様、アガサ・クリスティ作品に登場する Ariadne Oliver は Hercules Poirot の友人の小説家です。クリスティ女史、ギリシア神話をお好きだったのでしょうね。

▼テセウスの息子は女性に興味ナシ

ヘラクレスの遠征にも参加したテセウスは、戦いの捕虜として連れ帰ったアマゾン女王の妹アンティオペを妻にし、ヒッポリュトスという息子が生まれます。その後アマゾン族がアテナイに攻め込み、アンティオペは裏切り者として殺されてしまいます。戦いには勝ったものの幼い息子を抱えたテセウスは、母の故郷トロイゼンにヒッポリュトスを預けます。

ヒッポリュトスが立派に成長した頃、テセウスはアリアドネの妹パイドラと再婚。アテネに戻ったヒッポリュトスでしたが、女性に関心を持たない彼へのアフロディテのお仕置きがあり、パイドラがヒッポリュトスに愛情を抱きます。

当然相手にもしないヒッポリュトス。パイドラは寝室の扉を破り、衣を引き裂いてヒッポリュトスに乱暴されたとテセウスに訴えたのです。妻を信じたテセウスが息子に罰を与えて欲しいとポセイドンに祈ったところ、テセウスは馬車に轢かれて落命。後になって嘘がバレてしまったパイドラは自殺してしまいます。

アルテミスはヒッポリュトスを哀れに思い、神として生き返らせアルバニ山の麓の森を守らせているとされています。馬車に轢かれたということから、馬を嫌っているだろうと後の人々はアルバニ山の麓には馬を近づけなかったと伝えられます。

▼エロスとプシュケ

さてここまで小さな弓と矢を持ってウロチョロしていたエロス坊や、神や人の運命に関わってきましたが、実はエロス坊やも恋のお話があるのです。

ある国王に３人の美しい娘がおりました。上の２人は結婚しましたが、末娘のプシュケの美しさはあまりにも際立っていたため誰もが二の足を踏みなかなか結婚できなかったのです。

その美しさの噂を聞いた男たちが一目見ようとプシュケのところにやってくるため、アフロディテの神殿を訪れる人が減り、アフロディテの嫉妬をかってしまいました。

アフロディテは息子のエロスに「つまらない男と恋をさせなさい」と言いつけました。いつものように「お安い御用」と出かけたエロス。人間には姿の見えない神ですから、やすやすとプシュケの寝室に忍び込み、矢の先で脇腹をつついたのです。そこで目を覚ましたプシュケの美しさに愕然としたエロスは、手にして矢でうっかり自分の胸を突いてしまったのです。効果はてきめんでエロスはプシュケに恋をしてしまいました。

でもプシュケにエロスの姿は見えていないのです。残念ですね。エロスに慕われていることなどまったく気づかない両親は、なかなか嫁がない娘を心配してアポロンの神託を受けました。

その神託は「人間には嫁げない娘であるから、山の頂に連れて行き、そこに置いてくるように。山の怪物が娘と結婚するであろう」という恐ろしいもの。それでも神託は絶対ですから、両親は泣く泣く婚礼衣装を着せたプシュケを山に連れて行ったのです。

悲しみと恐れの中に一人残されたプシュケは、あたりの風景や鳥の鳴き声を耳にしているうちに少しずつ落ち着いてきました。そして一陣の風が吹き、彼女を持ち上げると谷間に運んだのは、西風の神ゼピュロスの仕業でした。

そこは緑豊かな庭園に囲まれた立派な宮殿。プシュケが歩き出すと扉が開き「ここは貴女の住まいです。何なりとお申し付けください」。姿は見えないのですが、声だけが聞こえてくるのです。「ここは怪物の住まいなの？」

と戸惑いながら、姿なき召使いのおかげでなんとか寛いだプシュケ。夜になると「怪物」が部屋を訪れ「私がお前の夫である。決してお前を悲しませるようなことはしないと約束しよう。ただ絶対に私の姿を見てはいけない」と言うのです。プシュケはその声の優しさに安心し、「怪物」と幸せに暮らすのですが……「見てはいけない」と女性との相性の悪さはおわかりですよね。プシュケの暮らしぶりに嫉妬した姉にそそのかされて、寝ているエロスの姿を見てしまったのです。怪物どころか神々しく美しいエロスの姿を。「愛は疑いとは一緒にいられないものだ」とエロスは飛び去ってしまいます。

残されたプシュケはアフロディテの神殿を訪ね、どんな試練にも耐えると許しを乞います。アフロディテは本当に息子にふさわしいかどうかを見極めるとして３つの試練を与えます。

プシュケは気づいていたかどうかわかりませんが、ひたむきさとエロスの助けでどうにか試練を乗り越え、めでたくゼウスの前で結婚。アンブロシアを飲んで不死となり、神々の仲間となりました。エロスは悪戯っ子というだけではなく、一途で純な神様なのですね。

このどこかで聞いたようなお話は、1740年フランスでガブリエル・シュザンヌ・ド・ヴィルヌーブという女性によって“La Belle et la Bete”という小説になりました。『美女と野獣』の原作です。“Moulin”（木蘭）という作品は楽府詩集の『木蘭辞』、“リトル・マーメイド”と”アナと雪の女王“はハンス・クリスチャン・アンデルセンの『人魚姫』『雪の女王』がインスピレーションの源。『ヘラクレス』もそうですが、ベースのストーリーはあってもほぼオリジナルの世界を作り上げています。

ディズニーって本当に素材を探すのが上手だなと感心させられます。いつの日か『古事記』をベースにした作品創りをしてくれないかなぁと期待しているのですが……。

12　トロイア戦争の原因

▼ゼウスは白鳥になってまで

子孫を増やすのは使命であるというゼウスは、子供を作るのは義務とばかり、女神や女性を追いかけ続けています。復讐の女神ネメシスを追いかけると、彼女は鳥に姿を変え群れに紛れて隠れてしまいました。

納得のいかないゼウスの目に止まったのは、スパルタ王妃のレダでした。白鳥を可愛がるレダに近づくには、白鳥になるのが最善策です。そっと近づいてレダが気づかないうちに、ゼウスの栄誉を与えてしまいました。そして日々が過ぎ、レダは二つの卵（人間が卵？という疑問は忘れましょう）を産み落としました。ゼウスは女性のために白鳥に化けましたが、我が『古事記』で白鳥になったのは倭建命（ヤマトタケルノミコト）。父の景行天皇に東国征伐を命じられ戦続きの中で病死。魂が白鳥となって故郷を目指したとされます。同じ「白鳥」でも洋の東西では違うものですね。

その卵からは二組の双子が産まれました。ゼウスとレダの間には「ポリュデウケス」と「ヘレネ」、スパルタ王テュンダレオスとの間には「カストル」と「クリュタイムネストラ」が生まれたとされます。ゼウスの娘であるヘレネは美しく成長し、やがて

「レダ」
ギュスターヴ・モロー　1865~1875
ギュスターヴ・モロー美術館蔵

Leda and the Swan　レオナルドダヴィンチ？　1505年と1510年の間
ウィルトン・ハウス

争いの元に……。

レダと白鳥をもう１枚。これ、現存しないレオナルド・ダ・ヴィンチ作品をチェザーレ・ダ・セストが模写したとされる絵。イギリスの伯爵家のコレクションです。足元の孵化した卵がなんともいえませんね。

▼父より優れた子を産むテティスの結婚

優しく美しい海の女神テティスは、ヘラに突き落とされたヘパイストスを育てたことはご記憶でしょうか（34 頁）。

ゼウスやポセイドンも彼女に惹かれていましたが、なにせ「彼女が産む息子は必ず父親より強くなる」というのですから、面倒を避けたいため手出しはできませんでした。そんなテティスにプロポーズしたのはペレウス。ゼウスの孫に当たりますが人間 DNA が優っています。気になるテティスが身を固めるというのですから、男神はホッとしつつもちょっぴり嫉妬、という複雑な気分で盛大な祝宴を開いたのです。

エリス　BC575-525　ベルリン古典古代コレクション

ヘラ、アテナ、アポロン、ヘルメス、ヘパイストス、デメテル、ディオニュソス等々ゲストの顔ぶれも豪華なこと。その席に招かれなかった女神がひとり、争いの神エリスです。これは祝いの席に「争い」を招くことはないというゼウスの配慮でしたが、エリスとしては不愉快きわまりないことです。お祝いの席であえて「争い」を持ち出そうなどとは、考えてもいなかったのかもしれません。理由はともかく、ほぼ全員参加の宴席にひとりだけ誘われないというのは今なら「イジメ」になりそうですが、どっこいそんな仕打ちに凹んでしまうようなエリス様ではありません。

憂さ晴らしに宴席に黄金の林檎をひとつ転がしました、「世界一美しい女性へ」と文字を印して。この林檎に目を止めたのは、ヘラ、アテナ、アフロディテの美女トリオ。

「私のものよ」
「いえ私でしょう」
「ふたりともいい加減にして。私だわ」と取り合いに。エリスの仕業と見抜いたゼウスですが、「招待すべきだったか」と後悔してもどうにもなりません。
「大神が決めてください」三人に詰め寄られると冷や汗タラタラで、「いずれしかるべき審判者を立ててということにしようではないか。私には決められぬ。三人とも驚くほど美しいのだからな」と林檎を預かることにしたのです。面倒事の先送りですね。
まぁ、女同士の揉め事に対する男の態度ってだいたいこんなものかな。神代の昔から変わらない「男の浅知恵」というべきでしょうか。
テティスとペレウスの間に生まれた男の子が「アキレウス」。神ならぬ身ですから不死ではありません。テティスは不死身にしようと冥界を流れるステュクス河にアキレスを浸します。この河の水に触れると不死身になるといわれるところです。溺れさせてはいけないと足首を摑んで水に浸したため、この部分は水に触れていなかったことにテティスは気づかなかったのです。後で足だけでもつけておけば良かったのにね。テティスが摑んでいた足首の部分には歩行・失踪・跳躍などに重要な働きをする腱がありまして、アキレウスの故事にちなんで「アキレス腱」と呼ばれるようになりました。アキレウスの死因はこの踵を射抜いたパリスの矢。そのため「強者の急所」という意味で使われるようになりました。とにかくアキレス腱を負傷するととんでもなく痛くて不便なのは経験者のみ知るところです。
アキレウスの教育はケイロンに任され、逞しくスクスクと成長します。

▼トロイアの羊飼い「パリス」はやっかいな判定をすることに

エーゲ海を挟んでアテネの対岸にあるトロイアは、ゼウスの子孫が王として代々君臨してきた国です。6代目のラオメドンの時代には堅固な城壁を作り、7代目プリアモス王と王妃ヘカペの間に二人目の男の子が生まれると「その子はトロイアを滅ぼす運命である。王子として認めずにイデ山中に捨てるのだ」とのお告げがくだります。泣く泣く子供を捨てることにした王と王妃は、召使いのアゲラウスに命じます。王命にしたがったアゲラウスでしたが、赤子が気になって５日後に様子を見に行ってみると……なんと赤子は熊に育てられていて無事でした。アゲラウスは赤子を自分の息子として大切に育てることにしたのです。「パリス」と名づけられ羊飼いとして逞しく成長します。

なぜかイデ山のパリスの話を耳にしたゼウスは、あの林檎を持ち出して（183頁参照）三美神の誰に与えるべきかの判定をパリスに依頼したのです。パリスにしてみれば、思ってもいないことで、むしろメーワクだったかもしれません。

ゼウスの気まぐれでとんだ事態に巻き込まれることになったパリス、どーする？

「パリスの審判」
ピーテル・パウル・ルーベンス
1636　ナショナル・ギャラリー蔵

三美神はそれぞれ「私を選びなさい」とワイロを提示。ヘラは「地上の王にする」、アテナは「どのような戦にも勝てる男にする」、アフロディテは「この世で一番美しい女性を妻にしてあげる」と言うのです。どれも魅力的です。地上の王になればなんでも思うがままではないかと思えますが、そこは純粋無垢なパリス君、「美女」に心を動かされたようで、アフロディテに林檎を渡したのです。

「美の女神」ですからね。やっぱり一番美人だったのかもしれません。でもねぇ、この時パリス君には妻がいたのですよ。オイノネさんという河神ケブレンの娘で、薬草に詳しい美女ですが、世界一かどうかはワカリマセン。

それでもヘラとアテナを敵に回してしまったから、さぁ大変（この場合誰を選んだにせよ、二人に恨まれるのは必定。何が正解なのでしょう？　林檎を三等分して甲乙つけがたいから、お三人でどうぞとするか、ジャンケンでもしてもらうか、クジを引いてもらうか、私なら責任回避で棄権したいです）。

ある時トロイアの競技会に自分が一番可愛がっていた牛が賞品として徴収されることになり、アフロディテの勧めもあってこの競技会に出場して牛を取り返そうと考えたパリスでした。アフロディテに「捨てられていた時に着ていた布を身につけていれば身許が明らかになる」と教えられたことも気になっていました。

▼予知能力があっても信じてもらえないトロイアの「カッサンドラ」

ちょうどその頃、アポロンがトロイアの王女「カッサンドラ」に言い寄っていました。贈り物として予知能力を授けるというアポロン。カッサンドラは喜びました、予知能力があればトロイアを守っていけるとアポロンを受け入れることします。約束どおりアポロンが予知能力を与えると、カッサンドラには自分の将来が見えてしまったのです、アポロンに捨てられて嘆き悲しむ自分の姿が。

「無理です。貴方に捨てられる自分が見えてしまったのですから」と拒絶されたアポロン。しかし一度与えた贈り物を取り戻すことは神にもできないのです。それでも神との約束を破ったカッサンドラをそのままにしておくわけにはいきません。そこでアポロンはカッサンドラの予言は誰からも信じられないという罰を与えたのです。

トロイアの競技会では王子ヘクトルが勝ち残り、身分を問わず挑戦者を探しています。名乗り出たパリス。どこの馬の骨がという大方の予想に反して、最終的にパリスの勝利。面子丸つぶれとなったヘクトルの弟ディポポスが、刺し殺そうとしますが、カッサンドラが止めに入ったのです。

「この方は私たちの兄ですよ」と。そしてヘカペの視線が見覚えのある布地に釘付けになりました。パリスという青年が身につけている布地は、たった１枚だけ織られたもの。生まれてすぐに捨てた息子のことを、忘れることなどなかったヘカペにはすぐにわかったのです。「ヘクトル、確かにその青年は貴方の弟です」

この時もカッサンドラが信じられたわけではなく、証拠の布地のおかげでした。

パリスが間違いなくあの赤子であったことを確認し、トロイアは喜びに沸き返ります。

カッサンドラだけが「その子はこの国を滅ぼす原因となる」と予知から反対しますが、「一度捨てたのだから、運命は変わっている」と耳をかす者など皆無でした。

▼トロイアの王子パリスは、スパルタ王妃「ヘレネ」を奪う

ウラノスとガイアの娘レアから予言の能力を、アポロンから薬学の知識を得ていた妻のオイノネさんでしたが、パリス君は世界一の美女にこだわっています。そんなパリスにプレアモス王はスパルタへの使いを命じます。

スパルタ王妃「ヘレネ」は白鳥となったゼウスとレダの娘です（182頁）。ご記憶でしょうか？　パリスはアフロディテの言った世界一の美女はヘレネであろうと信じて、スパルタに向かいました。アフロディテの息子アイネイオスも同行。

出迎えた王妃の美しさにパリスは呆然。メネラオス王（ゼウスの末裔）は所用で留守のため、おもてなしはヘレネに一任。この辺りアフロディテが仕掛けた感じですね。貞操観念の強いヘレネでしたが、アフロディテがチョイチョイと力を使ったため簡単に心変わり。パリスは王の留守の間に、財宝とヘレネを攫って逃げ出してしまうのです。それもまっすぐトロイアに戻るのではなく、地中海のあちこちの島に立ち寄る地中海クルーズ（新婚旅行のつもりだったかも）を楽しんでいたのです。

当然のことながら激怒したスパルタ王は、ギリシア諸国の盟主的地位にある兄のアガメムノンと協力し、何としても味合わされた恥辱は雪がねばとギリシア連合軍でスパルタへ。

なぜ連合軍かというと、以前適齢期のヘレネに多くのギリシアの国王たちがプロポーズ。養い親のテュンダレオスは、候補として手を挙げるものが出揃ったところでヘレネに選ばせ、そしてヘレネが決めた以上、その結果は潔く受け入れること、そして後日不満分子がヘレネにチョッカイを出すようなことがあった場合には、候補者全員が団結して立ち向かう、という誓約を取り付けていたのです。

といういきさつで、メネラオスの要請を受けて、ギリシア全体が立ち上が

らざるを得なかったという事情があったのです。だからぁ同盟とか盟約ってよーく考えておかないと飛んだ面倒に巻き込まれることにもなるんです。

▼トロイア戦争勃発

沖に集結したギリシア軍団の使者から事情を聞かされたトロイアのプリアモス王には、合点の行かない話です。パリスが戻って来ないので、船団は嵐にでもあって遭難したのではないかと気にかけていたのですから。

「ヘレネを連れて財宝を略奪した上に、逃走したと……」

信じられないことですが、目の前にはギリシアの軍団がいるのです。プリアモスはかつて姉のヘレオネをギリシアが略奪したことを持ち出して、姉とヘレネの交換を申し出たのですが、ギリシア側は「それとこれとは別問題。無条件にヘレネ様をお返しいただきたい」と譲りません。ということで交渉決裂、あのトロイア戦争が始まるのです。

ここで「ヘレネをこの国に入れてはダメ。この国を傾ける女性ですよ」というカッサンドラの悲痛な叫びは無視されてしまいます。「戦争になるわ、大勢が死ぬわ」彼女にはこの国の未来がはっきりと見えていたのです。

13　トロイア戦争

トロイア側とギリシア軍は一進一退の戦いを続け、他国からの援軍も加わって長期戦に。時折戦士を弔う休戦を挟みながら、10年も続けられたのです。

これには増えすぎちゃった人口を調節して半数にしようというゼウスの思惑と、“パリス憎し”のヘラとアテナ（これ林檎の恨みですけど、食べ物の恨みということにもなるのかしらね）、パリスに味方するアフロディテという神様方の介入もあるのでコントロール不能。10年も続く戦争の原因は、美女とはいえ1人の女性、「世界一の美女をあげる」なんて約束したアフロディテってよく考えると結構な“お騒がせ”女神様のようです。

▼増えすぎた人間ということでちょっと寄り道

「地球の人口は、人類の誕生から1800年代の初頭までをかけて10億人に達し……その2倍の20億人に達したのはわずか100年後の1920年代。それから50年後の1970年代にはその2倍の40億人にまで増加した。80億人に達する日はすぐそこに来ている」（『インフェルノ』ダン・ブラウン著）

実際に国連の世界人口推計では、2019年の77億人から2030年の85億人、2050年には97億、2100年には109億との予測が出されています。

『インフェルノ』では「過去50年の間に、人間が母なる自然に対して冒した罪は桁違いに増えている」と続きます。

平均地表温度、人口、二酸化炭素濃度、ＧＤＰ、熱帯雨林と森林の喪失、自動車、水の排出量、紙の使用量、海産物の消費量、オゾン層の喪失、対外投資、の表を見ると私たちがログ曲線上にいることは確かです。そしてこの先、「いつ」「何が」起きるのかはわからないのです。なにしろ経験したことのない、「想定外」の状況なのですから。現在の状況を考えると、取り立ててどうこういうほどのスケールでもなさそうなトロイア戦争の頃の人口。それも「増えすぎた」と人口調整を推進したゼウスは、この危機的状況をどう見ているのか知りたいものです。

▼パリスとオイノネ

トロイア側にはアポロン、アルテミス、アレス、アフロディテ、ギリシア側にはヘラ、アテナ、ポセイドンといずれにも味方する神々がおいででしたから、事態はややこしくなるばかり。どちらの側でも、多数の英雄が亡くなりました。騒動の原因パリスも傷を負い、オイノネの薬学知識に頼ろうとするのですが、拒絶され戦死してしまいます（一度は拒絶したオイノネさんでしたが、手当てをすべきだと思い直した時には手遅れでした）。この時点でヘレネを送り返していたら、少しは事情が変わっていたのかもしれませんが、ヘレネはパリスの弟デイポボスに引き継がれ（？）ることに。
「美しい」というだけで、まるで財産のように扱われることに気づいたヘレネは勝敗の行方などどうでもよくなり、敵側を手助けすることになりました。カッサンドラの予言は的中していたのです。

▼お待たせしました、木馬の登場です

ある朝トロイアの城壁から見渡すとギリシア軍の船は一艘も浮かんでおらず、兵士の姿もありません。諦めて引き上げたのでしょうか？　城壁の外には大きな木馬がおかれているだけでした。一人だけ取り残されてしまったというシノンという兵士によれば、アテナに捧げるために作られた木馬で、巨大なのはこの木馬がトロイアの場内に入るとギリシアが負けるという予言があったので、城門をくぐれない大きさにしたというのです。

トロイア側はこの話を信じ、城門を壊して木馬を市内に運び入れアテナの神殿に捧げたのです。これでギリシアに勝ったと信じて。
「木馬の中に人が隠れているわ。絶対に中に入れてはダメよ」

カッサンドラの言葉は誰も信じません。運び入れた大きな木馬の周りでは勝利の祝宴。長かった戦がようやく終わったのです。誰もが美酒に酔いしれたのも不思議ではありません。夜の帳と共に瞼もおりて、全員が安堵で眠り込んでいます。

シノンは辺りを見回すと、狼煙をあげました。

同じ頃アテナ神殿の木馬の腹が開き、中に隠れていたギリシア兵が姿を現

しました。木馬は退却と見せかけて、堅固な城壁の中に入るための策略だったのです。

難なく攻め込んだギリシア軍によってトロイアは滅亡。カッサンドラは総大将アガメムノンの捕虜となり、ギリシアに連れ帰られることに。トロイア側で生き残ったのはアフロディテの息子アイネイアスの一族だけという完敗でした。アイネイアスはイタリア半島に逃れ、後にローマ建国の祖になったといわれます。

勝利したスパルタ・ギリシア連合軍の帰還も困難を極め、メネラオスやオデュッセウスを含む多くの船があちこちの島に流れつき、戻るまで10年を要した船もあるとされます。ゼウスの期待通り人口が半分になったかどうかはわかりませんが、戦いに10年、帰るのに10年、勝ったとはいえ人的にも時間的にも払った犠牲は大きなものでした。

「戦争には勝者はいない、いるのは敗者だけだ」

第二次大戦で戦った兵士の言葉だそうです。勝っても負けても多大な犠牲と深い傷跡を残すだけ、同じエネルギーと投資を前向きで生産的に回せないものなのでしょうか。それとも「戦」は人間の本来的な「性」なのでしょうか？

ゼウスのせい？　それともアレスのせい？　きっと答えは「人間達が勝手にやったことだ」と言われてしまうでしょうね。

「トロイアの木馬の行進」
ジョバンニ・ドメンコ・ティエポロ

▼ホメロスに刺激された少年

ところでホメロスによって伝えられた「トロイア戦争の伝説」が、19世紀になってドイツに生まれた少年を虜にしてしまいます。『イリアス』と『オデュッセイア』の物語は、ホメロスという詩人が空想した世界と考えられ、史実を基にした“ファンタジー”と思われていたのです。

でも少年は違いました。「実際にトロイアを見ていなければ、こんなふうに書けるわけがない」と信じ、大きくなったら必ず見つける」と周囲の大人たちを苦笑させていたのです。ビジネスに打ち込み資金を作ってトロイア地方に向かったのは、41歳の時。その間もホメロスの作品を何度も読み返し、詳細な部分まで覚えてしまっていたのです。

ひたすらホメロスを信じていた彼は、考古学者たちがトロイアとした場所は違っているとして『イリアス』から推定される場所を発掘。そして3年後、大きな銅器を発見。古代の証左を土の中から呼び覚ましたのです。続いてアーサー・エヴァンスがクレタ島の発掘を成功させ、ギリシアの先史が注目され、消え去った世界を蘇らせるキッカケとなったのです。

少年の名はハインリッヒ・シュリーマン。彼の名とトロイ遺跡の発見は、世界史の授業か何かでお聞きになったことでしょう。シュリーマンは発見した財宝に最後の王プリアモスにちなんで「プリアモスの財宝」と名付けました。ドイツのベルリン民族博物館に保管されていた財宝は、第二次大戦中に行方不明に……。終戦から50年ほど経った1995年モスクワのプーシキン博物館で公開されました、ということは？？？　戦争のドサクサでソ連が持っていっちゃったってことかな？

▼戦争には勝ったものの――「エレクトラ・コンプレックス」

なんとか無事にギリシアに帰り着いたアガメムノン。妻はクリュタイムネストラ。アルテミスに生贄として捧げられたイピケネイアとエレクトラという娘とオレステスという息子がおりました。クリュタイムネストラは長女を犠牲にしたアガメムノンを怨み続けており、エレクトラはそんな母親を憎む一方父を敬愛していました。父の出征をよいことに、父のいとこアイギストスと良い仲になっている母を許すこともできなかったのです。

戦利品の一つとしてカッサンドラを連れ帰ったアガメムノン。カッサンドラには妻とアイギストスに殺害されるアガメムノンがはっきり見えていたのです。自分の予言は誰にも信じられないことを痛いほど知っているカッサンドラは、それを口にはしませんでした。誰にも信じられない予知能力など、持っていても仕方がない、と。

アガメムノンを殺害した後、後継者オレステスも片付けようとする母と叔父の策略を察したエレクトラは、こっそりと弟のオレステスを逃します。エレクトラは内心では復讐を誓っていましたが、母と再婚したアイギストスが王となっても表面はおとなしくしていたのです。時が来るのを待つことにしていたからでした。

新王夫妻にとっては目障りなエレクトラ、追い払うために小作農の男と結婚させてしまいます。そうしておけば復讐など考えることはないだろうと、タカをくくって。結婚相手の農夫さんはとっても良い男で、「意思に反して嫁にきたのはよくわかっていますから、貴女の嫌がることはいたしません。王宮と比べると不便でロクな暮らしではありませんが、どうか安心して暮らしてください」と温かく節度のあるサポートを続けてくれたのです。

数年の時が流れ、オレステスは20歳になりました。デルフォイの神託で「故郷ミュケナイに戻って父の仇討ちをするように」と告げられます。親友のピュラデースとミュケナイにもどったオレステスは、偶然にも父の墓前でエレクトラと再開。首尾よく仇討ちを遂げたオレステスでしたが、「母殺し」という最大の罪を犯したとして、秩序を司るエリュニスに追い回されることに。アテナによってアクロポリスに引き取られ、12人のアッティカ人陪審員による裁判にかけられます。有罪なら黒い石、無罪なら白い石を壺に投じて罪状を決定するのですが、結果は6対6、そこでアテナが白石を投じたためオレステスは無罪となりました。12人の陪審員制度の基ということになるのでしょうね。

エレクトラの父親アガメムノンに対する強い愛情「時に母親に対する対抗意識を燃やし激しく憎むこともあるという心理状態」を心理学者カール・グスタフ・ユングは「エレクトラ・コンプレックス」と名付けています。フロイトがオイディプスの母親への愛情を「エディプス・コンプレックス」とした逆バージョンです。

▼ヘレネの最期――美女に生まれついたばかりに

その後トロイア戦争のきっかけとなったヘレネは「父を10年もの戦争に駆り出したうえに、家族崩壊の原因となった女」としてオレステスに成敗されてしまいます。かつて恋人であったヘレネの娘ヘルミオネが、アキレスの息子ネオプトレモスに嫁いでいることを知ると、決闘を挑んで殺害。ネオプトレモスはトロイの王プリアモスを殺し、猛将ヘクトルの遺児アステュアナウスをアンドロマケから奪って城壁の下に投げ捨て、アンドロマケを奴隷にした人物でした。

つまりトロイア戦争での残虐ぶりに、オレステスが復讐をしたということになります。オレステスはミュケナイに戻って王となり、スパルタ王メネラオス（ヘルミオネの父）の死後はスパルタ王も兼任したとされます。

▼オデュッセウスのその後

さてトロイアの木馬を考案し、ギリシア軍を勝利に導いたオデュッセウスは12隻の船と250人の部下を連れ、故郷イタカを目指していました。本来なら北へ向かうべきでしたが、嵐にあって南のリビアのほうに流されてしまったことから苦難の冒険が始まったのは、ホメロスの『オデュッセイア』で語られている通り。

ロートパゴス族、キュクロプスの島、アイオロスの島、ライストリュゴネス人、魔女キルケ、冥界で預言者ティレシアスを呼び出し、怪鳥セイレーンの誘惑を振り切り、スキュラの海峡を渡り、ヘリオス島で家畜に手を出したため、ヘリオスの怒りをかい這々の体で逃げ出したところ、ゼウスの雷で船は木っ端微塵に。

怪物カリュブディスが船の残骸を丸呑みしてしまいますが、竜骨だけを吐き出したのでそれにしがみついて9日間海を漂流。海の女神カリプソの島に漂着、アテナの計らいであらためて故郷を目指して就航。

順調な船旅を続けるオデュッセウスに息子の目を潰されたポセイドンの怒

りは収まらず、嵐を起こしてオデュッセウスの船を破壊。死を覚悟したオデュッセウスに海の女神レウコテアが、溺死しない魔法のスカーフを授けます。アテナは風を吹かせ、オデュッセウスをバイエケス神の国へと運びました。浜辺に打ち上げられたオデュッセウスは、王女ナウシカアと出会い王宮に招かれます。

トロイア戦争の英雄オデュッセウス、と正体を見抜いた王の厚意でイタカに戻れたオデュッセウスでしたが、すぐに王宮に戻るわけにはいきません。なにしろ20年も留守だったのですから、世の中すっかり変わっています。生まれたばかりだった息子テレマコスは、もう立派な大人になっていました。息子から、ペネロペがオデュッセウスの無事を信じて、待ち続けていることを知らされます。そしてペネロペの周囲にはオデュッセウスは死んだものとして、再婚相手として名乗りを挙げる者がナント60人ほど。ペネロペは夫のための織物を織り上げたら再婚相手を決めるとして、昼間織り上げたものは夜にこっそり解いて時間を稼いでいます。

アテナの魔法でみすぼらしい老人の姿となったオデュッセウスに、ペネロペは親切に接します。

いつまでたっても織物を続けるペネロペにウンザリしている求婚者たちは「早く選ぶように」と矢の催促。たまらずペネロペはオデュッセウスの強弓を射た人であればと条件を出します。あまりに強い弓で、誰も歯が立ちません。引いたのはオデュッセウスその人でした。すぐには信じなかったペネロペでしたが、オデュッセウス本人しか知り得ないことを尋ねたのです。その質問というのは、「オデュッセウスの寝室からベッドを運ぶには？」というものでした。しかし彼のベッドは、自生しているオリーブの樹を自分で削って作ったもので、動かすことなどできないのです。「あのベッドは動かせない」という答えに満足したペネロペが納得し、2人は20年の歳月を経てめでたく再会したのでした。

14 “ギリシア神話に由来”はまだまだ

▼マイフェア・レディはギリシア神話から

「ピグマリオンとガラテア」
アンヌ・ルイ・ジロデ・トリオゾン
1819年　ルーブル美術館蔵

ピグマリオンという王様、ご存知でしょうか？　キプロス島の王様ですが、なぜか女運が悪かったようで、現実の女性にはすっかり失望していました。

ある時、理想の女性「ガラテア」の像を自分自身で大理石で刻み、裸のままではと服まで掘り入れるというほど入れ込んだ彫像を作ったのです。そして生身の女性に用はないと、彫像を傍に置いて話しかけたり、優しく触れたりするのですが、相手は石ですから応えてはくれません。思い余ったピグマリオンはアフロディテに祈ります。「黙して語らぬこの彫像、焦がれる男を哀れと思し召して、どうかこの彫像に生命を与えてください」と。信心深いピグマリオンが日に日に衰弱していくのを見かねたのか、アフロディテはガラテアに生命を与え、二人の結婚を祝福したのでした。このピグマリオンのお話は、バーナード・ショーによって、花売り娘を理想の女性に育て上げる『マイフェア・レディ』という作品の基になっています。

▼ミダス王のロバの耳

もうひとつ、「ロバの耳」の王様はプリュギアのミダス王、というエピソードを紹介します。なぜかというと前述したようにアポロンの怒りに触れたことが原因です（87頁）。外出や公衆の前では常に帽子を着用していましたから、「王様の耳はロバの耳」と知っているのは専属の理髪師だけでした。「誰にも話してはいけない」ときつく命令されていた理髪師でしたが、「ダメ」と言われるとモゾモゾするのは人間の性。

どうしようもなくなった理髪師は、地面に穴を掘り「王様の耳はロバの耳」と気のすむまで叫んで穴を埋めることにしました。誰に話したわけでもありませんし、自分はスッキリするという解決法だったのですが、地中に閉じ込められた「声」は草や木の根を通して地上に染み出して風が吹くたびに「王様の耳はロバの耳」と囁くようになり、民衆は「本当かな？」と興味津々で帽子姿の王様を眺めるようになりました。

相手が草や風では罰を与えることもできません。ストレスを抱えた王様でしたが、ディオニュソスの師であるシレノスという賢人が自慢のバラ園で酔いつぶれているのを発見、手厚くもてなし10日間歓待した後、ディオニュソスの元に帰しました。

シレノスを探していたディオニュソスは、褒美として「何でも望みのものを与える」と言ったのです。ミダス王が、ロバの耳をどうにかしてほしいと頼むかと思いきや、自分が触れるすべてのものを金に変える能力を望んだのです。初めはこの能力に狂喜乱舞したミダス王でしたが、食べ物を手にすれば金に、飲み物を飲もうとすれば金にという具合で、食事すらままなりません。黄金のベッドに黄金の枕……、寝心地悪そうです。

「お父様、どうかなさいましたの？」

心配そうな娘の肩に手を置くと、愛娘はたちどころに黄金の像に変わってしまったのです。

最初は誇らしく思えた「錬金」？の能力でしたが、これは破滅に通じるものと悟った王は、ディオニュソスに元に戻してくださいと懇願します。十分に反省した様子ですから、ディオニュソスはパクトロス河で身を浄めるように命じました。王が河に身を浸すと、能力は洗い流されこれまで金に変えたすべてのものはもとに戻ったのです。

「ミダス王と彫像となった娘」
ウォルター・クレインによる挿絵
1893年

もちろん娘もね。

ただ王の能力は河に移ったため、パクトロス河の河砂は黄金に、というわけでパクトロス河は砂金が豊富ということです。

この一件以来、富や贅沢から距離を置き田舎に移り住んだミダス王はアポロンからも許しを得て、ロバの耳も普通の耳に戻してもらったということです。

めでたし、めでたし。

▼黄金比

ギリシア神話で、美女とか美男子と評される人物ですが、おそらく顔つきやプロポーションは黄金比に基づいていたのかもしれないと想像します。黄金比は古代から存在する比率で、人間が見た時に最も美しいと感じる比率で、発見したのは古代ギリシアのエウドクス（BC408~BC355頃）という数学者。ギリシア観光の目玉の一つパルテノン神殿を建設した総監督とされる彫刻家のペイディアスも黄金比を用いたとされます。

黄金比は、1：1＋√5 で表されるもので、理数頭でない私は√の計算なんてすっかり忘れて？？？？ですが、簡単な近似値が1：1.618 およそ5：8ということなのです。

よく知られているのは、ミロのヴィーナス、ダ・ヴィンチのモナリザ、ピラミッド、凱旋門（パリ）、サグラダファミリア（バルセロナ）といったところでしょうか。

神と人間が共存していた古代ギリシアでは、神々や宇宙とつながりを持つ特別な人間の身体は理想的な比率を持っていると考えられており、オリンピック選手の身体を測って理想的な体型の比率を決め、彫刻を制作していたようなのです（カノンの法則）。

そして時代は下ってルネサンスを迎える頃、イタリアの数学者レオナルド・フィボナッチによって最も美しい螺旋を描くフィボナッチ数列が発見されました。

0,1,1,2,3,5,8,13,21,34,55,89,…というように、前二つの数字を足した数字が連続したものでして、隣り合う数字との比率は黄金比に近づくのです。このフィボナッチ数列が自然界に良く見られるとされ、有名なのはひまわりの種、松ぼっくりのカサの並び、アンモナイト、オーム貝など。特に植物はどんな花弁でも3, 5, 8, 13, 21枚だとか。知れば知るほど自然界は神秘的、まるで意思と知恵があるかのように思えませんか？

ところで誰が見ても「美しい」と感じる黄金比は、欧米の美容整形外科医も参考にしているようでして、究極の美を表すバランスをデジタル・フェイス・マッピングで有名人の顔立ちを分析、コンピューターによってはじきだされた世界一美しいというか左右対称でバランスのとれた顔の持ち主はモデルのベラ・ハディトと発表されました。

数年前のアメリカではオードリー・ヘップバーンだったことを覚えています。

三美神に囲まれた羊飼いのパリスくん、もしあの時にこの技術があったなら、と地上を眺めているかもしれません。

ゼウスが「自分らでどうにかするだろう」と放っておいたせいでしょうか、人間はどんどん「神の領域」に進出しているようです。何もかもが便利になり、人間が不要になってスマホを片手にカウチポテト化するしかなくなりそうです。

「ポチッ」一つで事が解決する時代ですから自分の頭で考えたり、手を使うことも減るばかり。便利ではありますが、「これで良いのか？」と思わされることが多くなりました。

まるで機器の一部のようになってしまって「人間性を失っているのでは？」と思わせられることがしばしばあります。それに人間って暇になると、ロクなことにはならないはず。「小人閑居為不善」といわれているほどですから。

ギリシア神話が語っているのは、世界の成り立ちと神々の関係そして「人間はどういう存在なのか」と「人間はどう生きるべきか」という問いかけともいわれています。

神話と同じように紀元前6世紀頃のギリシアでは多くの寓話が存在していました。それらを集めた「イソップ寓話」は動物や自然現象を主人公にした示唆に富んだ寓話集です。

世界各地で話題になっている「異常気象」。この原因は温暖化とも言われています。その大きな要因は産業革命以降の技術革新と人口増加。すぐに手を打たなければ、どーしようもないところにまで来ていると叫ばれています。どうすれば良いのでしょう。

私たちの暮らしを産業革命以前に戻すことなどとても不可能なこと。

そうであっても人間が機械や技術に頼らずに、本来備え持っていた「能力」や「知恵」を最大限に活用してきた先人の業績を改めて見直すことも大切なのではないでしょうか。

17世紀の李氏朝鮮時代に刊行された『東医宝鑑』はユネスコの記録遺産に登録されている23編25巻の医書でして日本でも江戸時代には多用されていたようです。この書に（人間の）頭の円形は天をかたどり、足の方形は地をかたどる。天には四季、人には四肢。天には五行、人には五臓、天には六極、人には六腑がある。天に八風があるなら、人には八節があり、天に九星があるなら人には九竅。天には十二時、人には十二経脈があり、天には二十四節気があり、人には二十四命がある。天が365°であるように人には365の関節がある……というように、どうやら人間は広大な宇宙と深い関わりを持っているようです。

世界終末時計がこれまでで最短の100秒と発表されたのはつい先日、人類滅亡の危機は大国間の軍拡競争と気候変動への対策の遅れからかつてないほど逼迫しているからとされています。どーしてこんな面倒なことになっているのかと考えさせられます。これではゼウスの怒りというより「自滅」ということに……。せめて自然を敬い神々と共存しながら、人間洞察をしていた先人の精神から何かを得たいと思うこの頃です。

全能の神ゼウスが与えたという知恵の一部、「想像力」と「創造力」を活用しようではありませんか。

本書に登場する神々と人間の索引（主な登場箇所）

ア行

アンテロス	♂	アレスとアフロディテの息子。返愛の神	55
アンドロマケ	♀	トロイア王の息子ヘクトルの妻。トロイア戦争後ネオプトレモスの妾となる	194
イアソン	♂	アルゴナウタイの遠征の指導者。金羊毛皮の冒険で知られる	160~170
イアペトス	♂	ティタン神族。プロメテウス・エピメテウス兄弟の父	21
イオ	♀	ゼウスに愛された女神官。牝牛に変えられエジプトに逃れ、テレゴノス王と結婚。エジプト王妃となった	65~66
イカロス	♂	ダイダロスの息子	176~177
イクシオン	♂	諸々の罪に加え、ヘラに横恋慕したためタルタロスで永遠の罰に服しているラピテス族の支配者	99~100
イピクレス	♂	ヘラクレスの双子の弟	144, 146, 147
ウラノス	♂	天。原初の神々の王。ガイアの息子で夫	22~23
エイレイテュイア	♀	結婚・出産の女神	34, 143
エイレネ	♀	ゼウスとテミスの娘。「平和」の神格化	32
エウノミア	♀	ゼウスとテミスの娘。「秩序」の神格化	32
エウリュステウス	♂	ペルセウスの息子ステネロスの息子。ミュケナイ王	144, 146~159
エウリュノメ	♀	オケアノスとテテュスの娘	32, 34
エウリュピア	♀	ガイアとポントスの娘	24
エウロペ	♀	ゼウスが愛した人間の女性。「ヨーロッパ」の語源	52, 69~70
エオス	♀	ティタン神族。暁の女神	56~58, 119~120
エキドナ	♀	クリュサオルとカリロエの娘。上半身は美女、下半身は蛇、背中には翼という怪女	45, 85
エコー	♀	声だけになってしまったニンフ。ナルキッソスに憧れていた	102~104
エリス	♀	不和と争いの女神	25, 183~184
エリュニス	♀	ティタン神族の復讐の女神。複数はエリニュエス。アレクト（止まらない者）、ティシポネ（殺戮の復讐）、メガイラ（嫉妬）	22, 193
エレクトラ	♀	アガメムノンとクリュタイムネストラの娘。ミュケナイの王女。エレクトラコンプレックスの由来	192

カ行

ケイロン	♂	ケンタウロス族ではあるが生まれが異なり、クロノスとピュラの子とされる賢者	106~107, 149~150, 155, 160~161
ケクロプス	♂	アテナイの初代の王	81
ケト	♀	ガイアとポントスの娘。ポルキュスとの間にグライアイ、ゴルゴン三姉妹、ヘスペリデスの園を護る龍を生んだ	24, 45, 83, 85
ケール	♀	戦場で死をもたらす女神。複数はケーレス	90, 189
ケンタウロス族		馬身で上半身は人間。ヘラの雲型とイクシオンの子供	99, 155
コイオス	♂	ティタン神族。ポイベを妻としてレト、アステリアの父となる	21
コロニス	♀	タピテス族の王女。アポロンとの間にアスクレピオスを産んだ	105~106

サ行

サルペドン	♂	ゼウスとエウロペの息子。リュキアの王となる	70
シュピレ	♀	アポロンの恋人だった人間の女性。一握りの砂粒の寿命を与えられた	58, 79
シレノス	♂	河と泉の神。その名は「ワインで慢心となった」というギリシア語から。いつも酩酊した姿で現れる。ディオニュソスの養育係	197
セイレーン	♀	上半身は人間、下半身は鳥の海の怪物	98
セメレ	♀	カドモスとハルモニアの娘。テーバイの王女。ゼウスとの間にディオニュソスをもうけるが、ヘラの怒りに触れ妊娠中に死亡する	70, 71
セレネ	♀	ティタン神族。月の女神	55~58

タ行

ダイダロス	♂	大工、工匠、職人。パシパエのため牝牛の模型、ミノタウロスを閉じ込めるための迷宮（ラビュリントス）を建設	173~177
タウマス	♂	ガイアとポントスの息子	24
タナトス	♂	冥界の「死」の神。「眠り」のヒュプノスと兄弟	101~102
ダナエ	♀	アルゴスの王女。雨粒となったゼウスとの間にペルセウスが生まれている	133

ナ行

ハ行

パリス	♂	トロイアの王子。パリスの審判がトロイア戦争の発端となる	184~190
パーン	♂	半獣の牧神	86
ピッテウス	♂	トロイゼン王。アイトラの父	170~171
ヒュアキントス	♂	アポロンに愛された美少年。死後ヒヤシンスとなった	62
ヒュペリオン	♂	ティタン神族。太陽神、光明神	21, 24
ヒュポリュテ	♀	アマゾンの女王	153
ヒッポリュトス	♂	テセウスとアマゾン族アンティオペの息子	179
プシュケ	♀	エロスの恋の相手	180
ヘカテ	♀	冥界の女神	90
ヘカトンケイル	♂	ティタン神族。コットス、ブリアレオス、ギュゲスの三兄弟。50頭100手の巨人	38
ペネロペ	♀	オデュッセウスの良妻	195
ヘベ	♀	ゼウスとヘラの娘で若さと青春の女神。ヘラクレスの妻となる	159
ヘメラ	♀	地上の光、昼	21
ヘラクレス	♂	ギリシア神話最大の英雄。ゼウスとアルクメネの息子、半神半人だが死後オリンポスの神に	78, 146, 159
ヘリオス	♂	ティタン神族。太陽神	66
ヘレネ	♀	スパルタ王妃レダとゼウスの娘。絶世の美女。トロイア戦争の発端となる	187, 194
ペレウス	♂	海の女神テティスの夫。アキレウスの父	183, 184
ペルセウス	♂	ゼウスの息子。メデューサ退治、アンドロメダの救出などで知られる。ミュケナイ王家の創始者となった	133~140
ポイベ	♀	ティタンの女神。「輝ける女」の意味	21, 24
ポルキュス	♂	ガイアとポントスの息子	24, 45, 83, 85
ポロス	♂	ケンタウロス族の例外。山野に住む精霊シレウスとトネリコのニンフの息子	74, 149
ポントス	♂	海。ガイアとウラノスの息子	24, 83, 85

マ行

マイア	♀	ティタン神族アトラスの娘。ヘルメスの母	40
ミダス	♂	プリュギア（古代アナトリア－現代のトルコ）中西部の王	196
ミノス	♂	ゼウスとエウロペの息子。クレタ島の王となる	151, 172~177
ミノタウロス	♂	パシパエと牡牛の子。牛頭人身の怪物	172

ラ行

参考文献

『ギリシア・ローマ神話辞典』高津春繁著　岩波書店
『ギリシア神話』アポロドーロス　高津春繁訳　岩波文庫
『神統記』ヘシオドス　廣川洋一訳　岩波文庫
『仕事と日』ヘシオドス 松平千秋訳　岩波文庫
『イリアス』ホメロス　松平千秋訳　岩波文庫
『オデュッセイア』ホメロス　松平千秋訳　岩波文庫
『変身物語』オウィディウス　中村善也訳　岩波文庫
『ギリシア神話を知っていますか』阿刀田高著　新潮社
『ペルシアの彼方へ』ノア・ゴードン著　竹内さなみ訳　角川文庫
『古事記』梅原猛著　学研文庫
『口語訳　古事記』三浦佑之　文藝春秋
『神々の流竄』梅原猛著　集英社
『「強運」の秘密』森蝶子著　医事日報
『人工知能』ジェムズ・バラット著　水谷淳訳　ダイヤモンド社

＊上記以外にこれまでに見た映画やテレビ、国内外の友人・知人との会話で教えられたことで記憶に残っているもの、そして子供時代に読みふけった講談社の「少年少女世界文学全集」、渋谷にあったプラネタリウムで聞いた星座の話など強烈な印象を持った断片もつなぎ合わせていることをご承知おきください。

[著者]

あまおか けい

大学卒業後マーケティング及び広報の経験を経て、イヴ・サンローラン日本支社に勤務。パリで研修ののち化粧品・香水のマーケティングを担当。サンローランから紹介されたソニア・リキエルと意気投合しファッション・ビジネスに携わり独立。ファションデザイナーとの仕事を通していわゆる上流階級と親交を持ち、その生活の奥深くに根ざすヨーロッパの文化と歴史、特に時代を彩ってきた人物に関心を寄せている。
訳書『女王陛下のハンドバッグ』（株式会社 R.S.V.P.）、著書に『大人の教養としての英国貴族文化案内』『大人の教養としてのロシア王朝物語』（共に言視舎）がある。

装丁………山田英春
イラスト………工藤六助
DTP 制作………REN
編集協力………田中はるか

大人の教養としての
ギリシア神話読本

発行日❖2020年5月31日　初版第1刷

著者
あまおか けい

発行者
杉山尚次

発行所
株式会社言視舎
東京都千代田区富士見 2-2-2　〒102-0071
電話 03-3234-5997　FAX 03-3234-5957
https://www.s-pn.jp/

印刷・製本
モリモト印刷（株）

ISBN978-4-86565-173-7 C0022

978-4-86565-102-7

大人の教養としての

英国貴族文化案内

あまおか　けい 著

ドラマ『ダウントン・アビー』の世界。2世紀前の高貴な美意識になぜ惹きつけられるのか? 貴族文化の舞台「カントリー・ハウス」の内実を詳しく解説。英国王室、貴族に嫁いだ女性たちの物語ほか。「女性の生き方本」としても。

A5 判・並製　定価 2500 円+税

978-4-86565-141-6

大人の教養としての

ロシア王朝物語

あまおか　けい 著

激動する現代世界は「ロシア」抜きには語れません! 現代の「ロシア」の淵源、ロマノフ王朝の14代の皇帝たちの動向を追いながらロシア帝国の内実を詳しく解説。隣国なのにあまり知られていないロシアと日本の交流史、文化も詳説。

A5判・並製　定価 2200 円+税

978-4-905369-70-7

徹底検証　古事記

すり替えの物語を読み解く

村瀬学 著

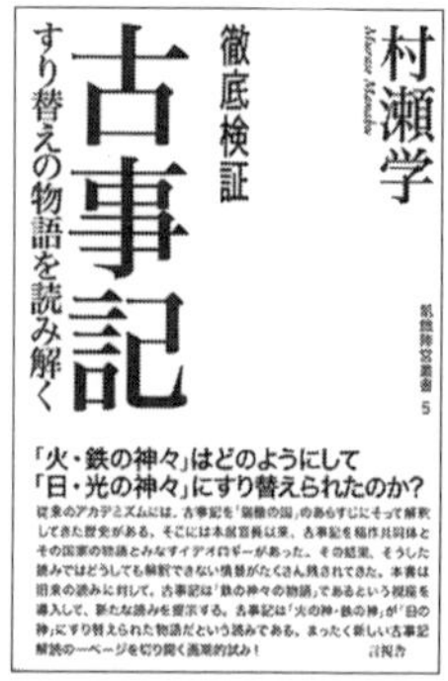

「火・鉄の神々」はどのようにして「日・光の神々」にすり替えられたのか? 古事記は「鉄の神々の物語」であるという視座を導入して、まったく新しい古事記解読の1ページを切り開く画期的試み!

四六判・上製　定価 2200 円+税